Für meine große Liebe Olivia
und unserem Glücks-Trio
Ella, Nala, Emil J.F.K.

THOMAS FLEISCHANDERL PRÄSENTIERT

ENTFACHE DAS FEUER IN DIR!

AUS DER FEDER VON JULIA M. MOSER

1. Auflage 2024
ISBN: 978-3-200-09246-4

Erschienen im TOENE Verlag
Fleischanderl TOENE GmbH
Walter-Pühringer-Straße 6, A-4190 Bad Leonfelden

Gedruckt in Österreich
Druckerei Bad Leonfelden GmbH
Gewerbezeile 20, A-4190 Bad Leonfelden

Herausgeber und Co-Autor: Thomas Fleischanderl
Autorin und guter Geist: Julia M. Moser
Lektorat und Korrektorat: Annika Schuster (Wortwind)
Foto: Alexander Kaiser (Lichtlinien)
Cover und Illustrationen: Tomorrow Brands

Über ein Posting auf Social Media freuen wir uns!

Mehr Inspiration unter www.bucketlist-schmied.com

Für alle,
die gute Geschichten nicht nur lieben,
sondern sich auch von ihnen inspirieren lassen.
Für dich.

WHO IS WHO

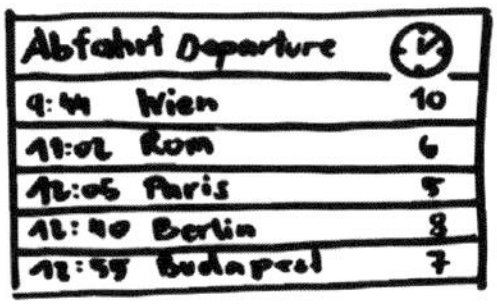

KATHARINA und Gregor leben allein in einem großen Stadthaus. Eigene Entscheidungen zu treffen, fällt ihr schwer. Kein Wunder also, dass sie sich einen Mann gesucht hat, der gern das Sagen hat. Oder etwa nicht?

MAYA und Sarah sind die besten Freundinnen. Es überrascht also nicht, dass Maya ihr den Gefallen tut, sie zum Klassentreffen zu begleiten. Sarah benötigt den Beistand, da sie sich schämt, als Einzige von einer gescheiterten Ehe zu berichten. Nichts, wofür man sich schämen müsste, wenn es nach Maya geht.

DANIELA und Erkan zeichnen das Bild einer perfekten Ehe. Ein Scherz hier, eine liebevolle Berührung da. Bodenständig und bemüht. Ihr Sohn Timo ist ihr Ein und Alles.

ERIK und Barbara sind nicht verheiratet. Sie haben eine einjährige Tochter und leben in einer eigenen Wohneinheit in Barbaras Elternhaus. Mut zur Veränderung hat Erik allemal, nur den Weg, den er gehen möchte, hat er noch nicht gefunden.

STEPHAN und Melanie leben den Vorstadttraum. Wie aus einer Fernsehshow leuchtet der weiße Lattenzaun, der das frisch begrünte Grundstück säumt. Ein Leben aus dem Lehrbuch mit all seinen Vorzügen der Gewohnheit. Oder einer großen Portion Langeweile.

Katharina und das Klassentreffen

Katharina hielt auf halbem Weg an und betrachtete das Schulgebäude, das sich wie ein Ungeheuer aus der Vergangenheit vor ihr aufbäumte. Es hatte sich nicht verändert. Zwanzig Jahre lag ihr letzter Besuch zurück und immer noch hingen die schrecklichen Gardinen in den Fenstern, in denen sich der dunkler werdende wolkenverhangene Himmel spiegelte.

Warum war sie eigentlich gekommen? Sie war damals nicht gern in die Schule gegangen und hatte seither nicht einen einzigen Menschen aus der damaligen Zeit wiedergesehen. Neugier war vermutlich eine der treibenden Kräfte gewesen. Und Langeweile. Bis vor wenigen Minuten war die Vorstellung auch nicht halb so unbehaglich gewesen wie jetzt, da das Gebäude so wahrhaftig vor ihr lag. Doch nun war sie hier und würde es durchziehen. So lange wie nötig. Nicht länger.

Mit trägen Schritten setzte Katharina ihren Weg fort. Über den Portikus zu der schweren, alten Tür. Im Inneren war die Zeit stehen geblieben. Katharina schlenderte langsam zu dem Spiegel, der neben der Tür angebracht war. Sie las die Worte, die am unteren Rand eingraviert waren.

So sieht dich die Welt.

Der Spiegel war auf einer Höhe an der Wand montiert, die für Schulkinder passend war, von sich selbst sah sie nur Dekolleté, Hals und ihre ernste Mundpartie. Das Spiegelbild hatte unrecht. Dies war nicht das Gesicht, das sie der Welt zeigte. Viertausend Follower auf Instagram waren der Beweis dafür. Sie kannten weder die Fältchen an den Mundwinkeln noch die kleine Fieberblase, die sich heute gerade noch hinter genügend Lipgloss verstecken ließ.

Am Ende des Flures war ein Stimmengewirr zu hören, dem sie sich langsam näherte. Beim Betreten des Raumes wurde Katharina bewusst, dass sie sich zu schick gemacht hatte. Die alten Buchenholztische waren mit weißer Tischwäsche verkleidet und an der Wand hatte man ein kleines Buffet aufgebaut, für das man Salate und Kuchen organisiert hatte. Es befanden sich etwa zwanzig Menschen im Raum, in angeregte Gespräche vertieft. Wie bei einem Klassentreffen üblich verglich man die erreichten Ziele, urteilte im Stillen und täuschte vor, fremde Kinder niedlich zu finden.

Es gab fünf Tische mit je fünf Stühlen und die meisten davon waren bereits besetzt. Viele der Gesichter waren Katharina noch bekannt. Andere ehemalige Mitschüler hatten sich so sehr verändert, dass sie keine Erinnerung an sie zu haben schien. Aus deren Sicht würde es ähnlich sein. Niemand erkannte sie als das schüchterne, mollige Mädchen aus der hintersten Reihe mit dem Dreierdurchschnitt.

Heute war Katharina groß, schlank und modebewusst. Sie wusste, dass sie von der Allgemeinheit als attraktiv angesehen wurde, und setzte diesen Vorteil ein, ohne sich für besser zu halten. Denn das wusste sie mit Sicherheit: Das war sie nicht. Mit einem freundlichen Lächeln, das niemand als aufgesetzt enttarnen würde, grüßte sie die Gruppe an dem Tisch, an dem sie Platz nahm. Der Tisch, der der Tür am nächsten war. Drei der vier Übrigen erkannte sie sofort. Maya, die frühere Klassensprecherin. Sie wirkte ebenso unnahbar wie damals. Ihre schwarzen Locken umspielten das braune Gesicht, aus dem hinter einer goldumfassten Brille mit runden Gläsern dunkelbraune, aufgeweckte Augen blitzten.

Neben ihr saß Daniela, eine rundliche Frau in einer weiten Bluse, die das genaue Gegenteil von Katharina zu sein schien. Sie war kleiner, hatte wesentlich mehr auf den Rippen und trug einen Ausdruck im Gesicht, der freundlicher nicht hätte sein können. Ihr Lächeln schob die Wangen nach oben und verengte ihre Augen zu kleinen Schlitzen wie bei einer Zeichentrickfigur, was sie unglaublich liebenswert erscheinen ließ. Schon in der Schulzeit war Daniela immerzu fröhlich gewesen. Ein richtiger Sonnenschein. Und eine der wenigen, die von ihr Notiz genommen hatten, auch wenn es kein Gruppenprojekt erforderlich gemacht hatte.

Der Dritte, den Katharina auf Anhieb erkannte, war Erik. Früher war er der Klassenkomiker gewesen. Jetzt lächelte er zufrieden und war in ein Gespräch mit einem Mann vertieft, den Katharina auf Teufel komm raus nicht einzuordnen wusste. Ein großer Mann mit langen, dunkelblonden Haaren, die er zu einem Knoten gebunden hatte. Sein Gesicht wirkte so lange streng, bis ein breites Lächeln den dichten, rötlichen Bart durchbrach.

Erst als Katharina sich setzte und sich alle der Reihe nach sicherheitshalber vorstellten, gab er sich als Stephan zu erkennen. Diesen hatte sie als ihr Pendant in Erinnerung. Klein, stämmig und immer mit roten Bäckchen. Im Sportunterricht als Letzter ins Team gewählt und einmal pro Woche wurden ihm die Hausschuhe versteckt. Meist von Jungs wie Erik.

Hier saßen sie nun zu fünft am Tisch. Sie kannten einander, aber auch nicht. Von den Kindern war nicht mehr viel übrig. Und doch. Für heute Abend war man wieder fünfzehn. Jedem Neuankömmling wurde ein Glas Sekt oder Orangensaft in die Hand gedrückt und dann wurde gegrüßt, gelacht und umarmt. Es bildeten sich kleine Menschentrauben, die alten Gruppen fanden zueinander und zum Schluss betrat der ehemalige Klassenlehrer das Zimmer. Ob er wohl im dunklen Flur gewartet hatte, bis alle hier waren?

Ein eigenartiger Impuls, dem sie nur schwer widerstand, befahl Katharina, aufzustehen und ein lautes, monoton gesprochenes »Guten Morgen Herr Breuer« zu johlen. Natürlich wurde gegrüßt, aber nicht so wie damals. Johannes Breuer war damals einer der jüngsten Lehrer an der Schule gewesen. Heute sah er sehr mitgenommen und um vieles älter aus, als er war. Niemand wagte es, auszusprechen, aber man konnte von den Gesichtern ablesen, dass jeder im Raum eine schwere Krankheit vermutete. Herr Breuers schwarzes Haar war an den Schläfen ergraut. Er war schmal und blass, was ihn aber nicht daran hinderte, sich freudestrahlend durch den Raum zu schieben, Hände zu schütteln und aus seiner mitgebrachten Stofftasche je ein Schächtelchen in der Mitte eines jeden Tisches zu platzieren. Darauf war ein gelbes Herz mit einem Smiley und vielen Illustrationen herum gemalt.

Nachdem er jedem die Hand geschüttelt hatte, ging die Stimmung wieder in ein allgemeines Gemurmel über. Der Lehrer wechselte die Gesprächspartner von Zeit zu Zeit und bis dahin versanken die anderen wieder in ihre eigenen Unterhaltungen. Katharina gestand sich ein, dass es halb so wild war. Spaß definierte sie zwar anders, aber sie würde eine Weile bleiben und dann verschwinden, um dieses Treffen ein für alle Mal abzuhaken. Und ihr Mann hatte nichts, um sie damit aufzuziehen.

Trotz des guten Vorsatzes verlor sie schnell das Interesse an ihrer Umgebung. Nach ein paar Minuten zog sie sich unauffällig aus dem Gespräch mit Daniela und Maya zurück, die gerade drauf und dran waren, sich beim Thema Tierschutz in die Wolle zu kriegen. Erik und Stephan erging es ähnlich. Sie fanden über Umwege in das Thema Lohnverhandlungen und Streiks, bei dem sie absolut gegensätzliche Meinungen vertraten.

»Was sollen die langen Gesichter?«

Die fünf sahen auf. In das Gesicht des Lehrers, der nun an ihrem Tisch angekommen war. Er strahlte in die Runde. Sein Lächeln mochte noch so breit sein, die Augenringe waren wesentlich aussagekräftiger.

Der anfängliche Hype des Wiedersehens war ein wenig abgeebbt und ging nun über in jenen Small Talk, den Katharina hatte kommen sehen. Die letzten zwanzig Jahre für den Lehrer auf drei bis vier Sätze zusammengefasst. Es war wie eine Checkliste, die es abzuarbeiten galt. Die Essenz des Seins und die Wichtigkeit, die sie den Dingen beimaßen. *Verliebt, verlobt, verheiratet.* Bis auf Maya, die Single war. Mit Absicht, wie sie ihnen versicherte.

»Ziehen wir etwa lange Gesichter?«, fragte Erik und hob verwundert die Augenbrauen. Er besah sich die kleine Runde.

Daniela und Maya, beide mit verschränkten Armen und vom Standpunkt der jeweils anderen gereizt. Stephan, der mit grimmiger Miene immer mehr zu einem nordischen Barbaren wurde, und zu guter Letzt Katharina, die auf ihrem Instagram-Account ziellos nach unten scrollte und das Handy nicht mal jetzt beiseitelegte, als Herr Breuer sich einen Stuhl an den Tisch schob, um sich zu ihnen zu setzen.

Der Lehrer wartete geduldig, bis Erik sich mit seiner Beobachtung die eigene Frage beantwortete.

»Na ja, ich schätze, wir sind eben keine Kinder mehr«, sagte Erik dann achselzuckend.

Herr Breuer stieß ein lang gezogenes »Aah« aus und nickte nachdenklich. »Mein ehemaliger Klassenvorstand hat uns mit auf den Weg gegeben, immer ein bisschen Kind zu bleiben.«

Jetzt sah Katharina ihn an, um zu überprüfen, ob es eine ironische Bemerkung war. Aber der Mann lächelte ihr zu. Dann klatschte er noch einmal, richtete sich auf und genoss mit einem Mal die gesamte Aufmerksamkeit der fünf Menschen am Tisch.

»Apropos Kindsein!«, sagte er laut, als hätte er einen Geistesblitz. »Ich zeige euch einen Zaubertrick, wie wär's?«

»Klar!«, sagte Erik prompt. Er war in die gute Laune miteingestiegen, sichtlich erleichtert, eine bessere Unterhaltung geboten zu bekommen als sein Handy.

Und als hätte Herr Breuer nur darauf gewartet, zog er ein Kartendeck aus dem Innenfutter seines braunen Sakkos. Er mischte die Karten, während er nacheinander jeden der am Tisch Sitzenden musterte. Er mischte nicht nur mit den Händen. Sein ganzer Körper folgte den Bewegungen seiner langen Finger und die Energie legte sich über seine Zuschauer. Er bat Katharina, eine Karte zu ziehen, sie sich zu merken und wieder in den Stapel zu stecken. Natürlich erriet er beim ersten Versuch, welche es gewesen war. Dann griff er die aufgekommene Begeisterung auf und animierte die kleine Gruppe zu einer Art Hütchenspiel. Er spielte drei Runden. Eine mit Maya. Eine mit Erik und eine mit Stephan und er gewann jedes Mal. Auch Daniela konnte das richtige Hütchen nicht erraten. Sie verlor und die Gruppe seufzte wie aus einem Munde.

»Nun, kein Wunder«, sagte Daniela lachend. »Für solche Dinge fehlt mir einfach das Glück.«

»Glück?«, wiederholte der blasse Lehrer, während er seine Sachen wieder zusammensammelte und sich erhob, um zum nächsten Tisch zu gehen. Er schob das Kartendeck in die Sakkotasche und wies dann mit ausgestrecktem Zeigefinger in die Mitte, wo inmitten von Pappbechern voller Salzstangen und Schüsseln mit Nüssen die Schachtel mit dem gelben Herz und Smiley lag, an die keiner von ihnen mehr gedacht hatte.

»Glück ist ja bekanntlich das Einzige, das mehr wird, wenn man es teilt. Zu diesem Zweck habe ich immer eine Portion dabei.« In einer flüssigen Bewegung lehnte er seinen schmalen Körper vorüber und griff nach der Schachtel. Er sah jedem noch mal freundlich drohend ins Gesicht und meinte: »Aber Vorsicht! Das kann euer Leben verändern.«

Mit diesen Worten wandte er sich um. Erst nach ein paar Sekunden lösten sie ihre Blicke von der Tür, durch die er verschwunden war. Dann betrachteten sie die kleine Stülpschachtel, die er in der Tischmitte zurückgelassen hatte.

»Das Bucketlist Kartenspiel – das Kartendeck das dein Leben verändert«, lasen sie rund um das gelbe Herz mit Smiley.

STEPHAN UND DIE EINTÖNIGKEIT

Im Laufe unseres Lebens begegnen wir durchschnittlich einer Million Menschen. Das hab ich mal wo gelesen. Ich habe die vier Freunde, die mein Leben verändert haben, zwar schon gekannt. Richtig kennengelernt habe ich sie aber erst, nachdem wir uns zwanzig Jahre nicht gesehen haben. Wir stolpern durch unsere Zeit und nehmen, was wir kriegen. Ich war nicht anders. Bis zu jenem Tag und sogar darüber hinaus. Unzufrieden, ohne es zu wissen.

Ich hatte während der Schulzeit keine Clique. Ich war froh, wenn ich in der Masse unterging. Ich war alles andere als beliebt. Ich war zu klein für mein Alter und zu dick. Meine Noten waren ein wenig über dem Durchschnitt. Wenn es nach meinem Vater ging, hätten sie besser sein können. Wenn es nach meiner Mutter ging, hätten sie aber auch schlechter sein können. Dies beschreibt meine Kindheit und ihren Erziehungsstil sehr genau. Sie waren ein Paar wie aus einer dieser ameri-

kanischen Sitcoms, die damals immer im Nachmittagsfernsehen liefen. Mein Vater motivierte mich zum Sport, ohne mir das Gefühl zu geben, dass es eine Notwendigkeit, war und übte so gerade genug Druck aus, um mich in der Spur zu halten. Meine Mutter auf der anderen Seite war der sichere Fels. Ich wusste, dass sie mich auch mit einer schlechten Note liebte, oder wenn ich den Rosenbusch der Nachbarn wieder mal mit einem meiner unzähligen Bälle zerstört hatte.

Meine Noten reichten für die Weiterbildung an einer technischen Schule, in der sich auch mein Selbstwert steigerte und ich einen Platz fand. Mein Körper veränderte sich und mit ihm auch ich.

Nach dem Abschluss machte ich die klischeehafte Rucksackreise durch Thailand mit zwei Freunden. Meine »wilde Zeit«, wie mein Vater es bis heute nennt. Danach suchte ich mir einen Job, der wie maßgeschneidert zu dem Leben passte, das ich mir ausgemalt hatte. Ich steckte mir Ziele, die ich in der vorgegebenen Zeit erreichte. Karriere, Frau, Haus und Kinder. In dieser Reihenfolge. Jetzt fühle ich mich manchmal wie betäubt, nur noch darauf wartend, in Rente zu gehen.

Ich denke an meine Frau. Sie liebt mich genau dafür, dass ich berechenbar bin. Sie braucht Sicherheit und Beständigkeit, weil sie sie selbst nie als Kind kennengelernt hat. Aber ich frage mich, ob sie jemals versteht, wie ich mich fühle. Habe ich meine Leidenschaft und Begeisterung für das Leben verloren? Oder habe ich sie je wirklich besessen?

Ich denke auch an meine Söhne. Sie sind lebensfroh und wissbegierig. Ob sie das Gleiche durchmachen werden wie ich? Das Gleiche fühlen wie ich? Werden sie in meinem Schatten stehen und sich ebenfalls fragen, ob es noch mehr im Leben gibt?

Und mit 35 Jahren saß ich nun an diesem Tisch in der Schule mit dem Wissen, dass ich alle meine Ziele erreicht hatte. Was sollte das Leben nun noch groß hervorbringen? Es gab eine zweite Liste für eine entfernte Zukunft, die Enkelkinder, Pension und ein Segelboot beinhaltete. Aber bis dahin?

»Hast du denn einen Segelschein?«, fragte Erik, der die bunten Spielkarten durch seine Finger rutschen ließ wie ein Profikartenspieler. Dabei sah er nicht mal hin. Er hielt interessierten Augenkontakt. Sein freundliches Grinsen war herausfordernd. Der Lehrer, der im Hintergrund immer noch von Tisch zu Tisch, zog hatte seine positive Energie an die Runde weitergegeben.

»Noch nicht«, antwortete Stephan und wechselte immer wieder den Blick zwischen Erik und den fliegenden Karten hin und her.

»Warum träumt man von einem Segelboot, wenn man gar nicht segeln kann?«, wollte Katharina wissen, ohne sich von ihrem Smartphone abzuwenden. Sie wirkte nicht, als erwartete sie eine Antwort, deshalb ging auch niemand auf die Frage ein.

»Wo hast du gelernt, so Karten zu mischen?«, fragte Stephan.

»Beim Zivildienst in der Altenbetreuung. Es gab da einen Neunzigjährigen, der konnte nicht mal seine Gabel allein halten, aber wenn du ihm ein paar Schnapskarten in die Hand gedrückt hast, war er ein ganz anderer Mensch.«

Ihre Gruppe war nicht die Einzige, die beschlossen hatte, es mit dem Spiel aufzunehmen. Auch an den anderen Tischen wurde gemischt oder bereits gespielt.

Daniela hatte sich mit den Spielregeln vertraut gemacht, während Erik die Karten mischte. Jetzt brummte sie und nickte. »Ganz einfach«, sagte sie in fröhlichem Ton.

Wie passend, dass ein so heiterer Mensch den Klassenkomiker geheiratet hatte, dachte Stephan.

»Jeder bekommt so eine.« Sie verteilte die graphitgrauen Spielerkarten, in deren Mitte ein gelbes Herz mit der Spielernummer abgedruckt war. Jeder legte sie vor sich auf die Tischplatte. Links stand »Nein«, rechts stand »Ja«.

Katharina sah auf. »Das ist es?«

»Das ist es«, antwortete Daniela.

»Gibt es kein *Vielleicht*?«, wollte Maya wissen. Sie hob die Karte und drehte sie mit prüfendem Blick.

»Ich glaube, das ist kein Spiel für *Vielleicht*«, warf Erik ein. »Ein *Vielleicht* hält uns davon ab, Dinge einfach zu tun.«

»Tu es oder tu es nicht. Es gibt kein Versuchen«, sprach Daniela mit verstellt tiefer Stimme.

Stephan lachte laut auf, denn er erkannte das Zitat. Daniela stieg in das Gelächter mit ein.

»Mein Sohn liebt *Star Wars*. Da bleibt einiges hängen«, meinte sie und zerschlug die Luft mit der Hand.

Stephan antwortete: »Meine Mutter hat mich immer gezwungen, *Sound of Music* anzusehen. Gefühlt fünfmal im Jahr. *Star Wars* hätte ich da nie durchbekommen. Dafür kann ich alle Trapp-Kinder aufzählen und in drei Sprachen *Gute Nacht* sagen, seit ich vier war.«

Diesmal lachten alle. Sogar Katharina schmunzelte. Hätte es aber vermutlich abgestritten, wenn man sie gefragt hätte.

Dann klatschte Erik das Kartendeck auf den Tisch. Er imitierte den Lehrer. Er schob das Deck in die Mitte und setzte einen gespielt ernsten Gesichtsausdruck auf. Mit einer kleinen Bewegung seiner dunklen Augenbrauen übergab er das Wort an Daniela.

»Es steht, entweder als Spiel mit einer einfachen Spielmethode oder als Inspirationsquelle zum Lesen – wir spielen!« Daniela hob eine graphitgraue Karte nach oben, auf der die dritte Spielanleitung beschrieben war. Dann las sie laut vor, mit einer Tonlage, in der sie vermutlich Kinderbücher vorlas.

»Ziel ist es, dass jedem Spieler mindestens ein Erlebnis hängen bleibt, das innerhalb eines Jahres gemacht werden muss. Wer seine Aufgabe erfüllt hat, hat neue Erfahrungen gemacht und ein Bild für sein persönliches Museum bekommen. Falls jemand seine Aufgabe nach 365 Tagen nicht erfüllt hat, muss dieser Spieler etwas spenden. Etwas, das für alle vertretbar ist, aber doch auch eine kleine Strafe sein soll – und wiederum eine positive Auswirkung ins echte Leben hat.«

Alle nickten als Zeichen, dass sie verstanden hatten.

»Gut, dann bekommt jeder eine dieser Karten hier.« Daniela reichte einen kleinen Stapel graphitgrauer Spielerkarten in die Runde. »Jeder Spieler nimmt reihum eine Erlebnis-Karte vom Stapel und legt sie dann offen vor sich ab. Entweder auf Ja oder auf Nein«, fuhr sie fort. »Am Ende wählen nun die jeweils anderen Spieler ein Erlebnis des JA-Stapels von den einzelnen Spielern. Das wird seine Aufgabe, die er innerhalb von 365 Tagen erledigen muss!«

»Ich würde gerne für Tiere spenden«, sagte Maya.

»Und wie viel?«, fragte Katharina. Sie sah diesmal länger auf, ihr Blick wanderte von einem Spieler zum nächsten.

»Zwanzig?«, fragte Erik mit hoher Stimme und zuckte die Achseln.

»Zwanzig Euro spende ich schnell mal irgendwo. Es soll doch Druck aufgebaut werden, oder?«, hakte Maya nach.

»Fünfzig ist mir aber zu viel für so einen Quatsch.« Katharina tippte mit dem Daumennagel gegen ihre Handyhülle.

»Du musst ja nicht spenden«, sagte Stephan. Alle sahen ihn an. Schnell fügte er hinzu: »Erledige einfach deine Aufgabe und spar dir die fünfzig Euro.«

Ein allgemeines Nicken ging durch die Runde.

»Dann also fünfzig?« Erik wartete auf die Bestätigung. »Und wofür?«

»Kinder«, sagte Daniela.

»Tiere«, konterte Maya. Ein giftiger Blick glitt hinüber.

»Wie wäre es, wenn jeder für eine eigene Sache spendet?«, fragte Stephan und dachte dabei an die Obdachlosenhilfe, traute sich aber nicht, das auszusprechen. Die Runde stimmte seinem Vorschlag zu.

»Müssen wir das denn beweisen?«, fragte Katharina. Sie legte ihr Telefon mit dem Display nach unten vor sich hin und stützte das Kinn auf ihrem Handballen ab.

»Klar«, antwortete Maya und schob sich das goldene Brillengestell die Nase hoch, »sonst ergibt es ja keinen Sinn.«

Wieder durchfuhr ein zustimmendes Raunen die Gruppe.

»Dann gehts los.« Erik trommelte auf der Tischplatte herum. »Wer fängt an?«

Wieder blickten sie verhalten von einem zum anderen.

»Ich, okay?« Stephans Hände glitten nach vorne, ohne auf Erlaubnis zu warten. Er zog das erste Erlebnis aus dem Deck, fest entschlossen, der Sache eine Chance zu geben. Das Wort »Weltreise« auf der goldenen Karte stach ins Auge, ehe er den ganzen Satz gelesen hatte, und er seufzte, ohne es zu wollen.

Erik lachte. »Oje, ein schlechtes Zeichen.«

Stephan lächelte und las den ganzen Satz. Daniela bat ihn, laut zu lesen. Alle warteten gespannt. Mit einem Mal fühlte er sich in die Schulzeit zurückversetzt. Schon damals hatte er es gehasst, etwas laut vorzulesen.

Stephan räusperte sich. »Mache eine Weltreise – in der weiten Welt oder von zu Hause aus.«

Katharina brummte. Maya nickte nachdenklich und Erik klatschte in die Hände.

»Was für eine erste Karte!«, rief er freudig.

Stephan drehte die Karte herum und besah sich die Rückseite. Sie war mit drei Dingen gefüllt. Einem Absatz für Motivation, einem Hinweis für erste Schritte und ein Link zur Website des Spiels. Wieder las er für sich, bis Maya ihn ermahnte, sie alle teilhaben zu lassen.

»Je nach Zeit und Budget gibt es zwei Möglichkeiten«, sagte er also laut. »Erstens: Du machst wirklich eine Reise. Vielleicht sogar ohne Flugzeug. Zweitens: Du reist in deinem Kopf, indem du jede Woche etwas erlebst, das im Zusammenhang mit einem Land steht. Zum Beispiel Essen, Filme, Bücher, Musik oder du lernst Alltagsvokabeln.«

Katharina presste die Lippen aufeinander. »Da sind die fünfzig Euro ja ein Witz dagegen.«

Stephan überlegte. Für echte Reisen hatte er nicht viel übrig. Er war gern zu Hause. Und jede Woche etwas zu unternehmen, kam ihm viel vor. Selbst wenn es nur um Essen oder einen Film ging. Seine Motivation war schnell ausgebremst und die Karte landete in zögerlicher Geschwindigkeit links neben der graphitgrauen Ja-Nein-Karte. Der erste Spieler. Die erste Karte. Das erste Nein. So hatte er eigentlich nicht starten wollen. Gespannt wartete Stephan darauf, dass Erik, der zu seiner Linken saß, die nächste Karte zog.

Auch er zog eine Goldene. Er schmunzelte und las vor: »Fahre per Anhalter durch die Galaxis.«

Sie alle lachten. Das Spiel meinte es ernst mit ihnen. Natürlich war es als Metapher gedacht. Niemand erwartete ein Raumschiff. Es ging darum, den Adrenalinkick eines Trampers zu erfahren – und sei es nur ein kleines Stück – aber für jemanden, der nicht waghalsig war, schien auch das eine ziemliche Überwindung darzustellen. Sie landete ebenfalls auf »Nein«. Ebenso Danielas Karte. Bei Katharina überraschte es niemanden, dass sie kein eigenes Buch schreiben oder eine eigene Marke kreieren wollte, aber sie erzählte zum ersten Mal etwas von sich.

Nachdem sie die wasserblaue Karte lange angesehen hatte, hatte sie ohne Aufforderung laut vorgelesen und danach über ihre Instagram-Seite gesprochen. Somit landete die Karte nicht deshalb auf »Nein«, weil sie nicht wollte, sondern, weil sie ihrer Meinung nach bereits Autorin war. Ein Wandel in ihrem Ausdruck zeigte sich den anderen Spielern. Katharina besaß ein zauberhaftes Lächeln, wenn sie über etwas sprach, was ihr am Herzen lag.

Maya zog eine orchideenfarbene Karte aus der Rubrik *Überwindung*. Sie kannte diese Farbe, weil ihre Mutter Floristin war und sie als Kind oft beim Binden großer Sträuße geholfen hatte. Unwillkürlich hatte sie den Duft in der Nase.

»Lade eine fremde Person ins Kino ein«, las sie vor und wackelte nachdenklich mit dem Kopf hin und her, was ihre Brille ein wenig herunterrutschen ließ. »Einfach. Und billiger als fünfzig Euro.«

»Du warst wohl schon lange nicht mehr im Kino«, scherzte Erik. Alle lachten.

»He, von Popcorn steht da nichts.« Maya fuchtelte mit der Karte herum und legte sie auf »Ja«.

Die zweite Runde lief besser für Stephan. Er zog eine Karte, die lediglich das Träumen beinhaltete. Nach der vierten Runde hatte jeder von ihnen eine Karte auf »Ja« gelegt und das Spiel wurde nach und nach zur Nebensache, denn zu jeder Karte gab es eine Geschichte zu erzählen.

Die fünf bemerkten gar nicht, dass sich das Klassentreffen langsam auflöste. Mit jeder Karte, die gezogen wurde, mit jeder Geschichte, die jemand erzählte, wuchsen die fünf Menschen enger zusammen. Die Barrieren der Erinnerung, die zu Anfang zwischen ihnen gestanden hatten, waren längst aufgebrochen.

Irgendwo auf dieser Reise hatte das Smartphone von Katharina an Bedeutung verloren. Die Welt auf dem Bildschirm war in den Hintergrund gerutscht. Katharina war im Hier und Jetzt. Maya und Daniela lachten zusammen. Vergessen schienen die unterschiedlichen Ansichten. Erik klopfte Stephan auf den Rücken, als wäre er ein Bruder. Zwischendurch ermahnten sie sich gegenseitig, wieder eine Karte zu ziehen.

KATHARINA UND DAS GLÜCK

Unglücklich. Mit diesem Wort würde ich mich beschreiben. Ich lache selten und finde nur an wenigen Dingen Freude. Wenn ich mich so verhalte, wie es mir geht, dann höre ich Sätze wie: »Lächle doch mal« und »Schau nicht so finster«. Wenn man mich fragt, wie es mir geht, dann antworte ich: »Gut und dir?«, denn dann sprechen die Leute über sich selbst und lassen mich in Ruhe.

Würde ich ihnen sagen, dass ich nicht glücklich bin, kämen immer wieder dieselben Ratschläge. Frische Luft. Bewegung. Ausgehen. Alles von der Seele schreiben. Aber da ist nichts, was ich schreiben könnte. Ich mache dreimal die Woche Sport und ich gehe schon lange nicht mehr aus. Aber ich bin nicht krank. Ich habe keinen Kummer. Ich bin einfach unglücklich, ohne den Grund dafür zu kennen.

Ich stehe vor dem Spiegel und betrachte mich. Ich sehe eine Frau, die immer wieder bewundert wird für ihre Schönheit, aber ich fühle mich alles andere als schön. Ich fühle mich leer und unerfüllt. Mein Leben verläuft monoton und ich weiß nicht, wie ich aus diesem Trott ausbrechen soll. Ich habe alles, was ich wollte: einen Job, der mir Spaß macht, einen Mann, der mich liebt, und ein schönes Haus. Aber trotzdem fühle ich mich einsam. Ich selbst habe keinen richtigen Platz in meinem eigenen Leben gefunden.

Ich habe keinen Sinn darin gefunden, was ich tue. Mein größter Wunsch war es immer, Mutter zu werden. Doch das wurde mir verwehrt. Ich habe mich damit abgefunden, aber trotzdem tut es weh. Es tut weh, wenn ich andere Frauen sehe, die mit ihren Kindern glücklich sind. Ich fühle mich unvollständig und unzulänglich.

Ich flüchte mich oft in die mediale Welt, in meine Instagram-Bubble. Ich bin angewiesen auf die Likes und Kommentare meiner Follower, denn das gibt mir das Gefühl, dass ich etwas wert bin. Aber das ist nur eine Illusion. Ich weiß, dass das nicht das echte Leben ist. Aber ich habe keine Ahnung, wie ich aus diesem Teufelskreis ausbrechen soll. Ich scheue mich davor, Entscheidungen zu treffen. Ich lasse alles auf mich zukommen und treibe nur auf der Oberflächlichkeit. Ich habe Angst davor, etwas falsch zu machen und dann die Konsequenzen tragen zu müssen. Doch ich kann so nicht weitermachen.

Ich muss etwas ändern.

Es setzt mir zu, dass ich in meinem Leben nur eine Nebenrolle spiele. Ich fühle mich wie ein Statist in meinem eigenen Leben. Ich möchte endlich die Hauptrolle übernehmen. Ich fühle mich hilflos und allein. Ich brauche jemanden, der mir hilft, den Weg zu finden.

Als ich meinen Mann kennengelernt habe, war das nicht anders. Schon damals wusste ich nie so recht, was ich vom Leben wollte. Ich war ein verwirrtes, kleines Ding und er war gut darin, jemandem eine Richtung vorzugeben. Dass er mir sagte, was ich tun soll, nahm mir das Gewicht der eigenen Entscheidungen von den Schultern. Ich fühlte mich federleicht. Ich würde nicht sagen, dass er mir Befehle erteilte, aber die Führung, die er übernahm, beeindruckte mich. Heute erdrückt sie mich.

Manchmal denke ich, ich habe verlernt zu erkennen, was ich selbst möchte. Wenn mir keiner sagt, was ich zu tun habe, fühle ich mich verloren. Ich bin Mitte dreißig. Ein Punkt, an dem das niemand mehr tut. Abgesehen von meinem Mann. Wie eine Marionette warte ich auf seine nächste Aufgabe für mich, doch die Abstände dazwischen werden länger und länger. Sie quälen mich. Dass er diese Bürde trägt, weiß er nicht. Er sagt: »Schau nicht so verbissen« und ich ziehe die Mundwinkel nach oben. Er sagt: »Komm, wir laufen um den Block« und wir laufen. Er sagt: »Geh doch zu deinem Klassentreffen« und ich gehe. Die vier Leute am Tisch sagen: »Wir spielen.« Also spiele ich.

Ich wollte nicht. Doch nicht zu spielen, war eine Entscheidung, ein Konflikt, den ich auf dieselbe Art vermied wie alle Konflikte in meinem Leben. Ich fügte mich.

Ich zog eine Karte und legte sie auf »Nein«. Die nächste ebenfalls. Und die dritte auch. Schon zu Beginn wusste ich, dass ich einfach die fünfzig Euro spenden würde, egal, welche Karte man mir am Ende in die Hände legte. Was sind schon fünfzig Euro? Ich war mir sicher, dass es nicht das geringste bisschen in diesem Kartendeck gab, das mich interessierte.

Bis sich etwas veränderte.

Katharina lachte, ohne angestupst zu werden. Unbewusst hatte sie von sich selbst erzählt und die vier am Tisch hatten zugehört. Sie sahen sie nicht nur an. Sie *sahen* sie. Daniela zeigte sich begeistert von ihrer Instagramreichweite. Sie unterhielten sich plötzlich über ganz andere Dinge und ehe Katharina es sich versah, landete eine Karte auf »Ja«. Sich mit ihren Finanzen zu beschäftigen war etwas, was sie ohnehin tun musste. Warum dann nicht also in Form einer *Bucketlist*-Aufgabe?

Die Gespräche wurden ungezwungener. Während die letzten Besucher des Klassentreffens aufbrachen, blieb die Gruppe sitzen und niemand schien es eilig zu haben. Irgendwann ging es dann gar nicht mehr so sehr um das Spiel. Sondern um die Menschen, die es spielten. Um jeden Einzelnen von ihnen. Um ihre Leben. Geschichten. Träume.

Plötzlich wusste Katharina von der Frau neben ihr, dass sie ihren Sohn in Watte packte, weil er verhaltensauffällig war, und sie fürchtete, dass er keine Freunde finden würde. Katharina wusste von Stephan, dass er ebenso wie sie keine Perspektive für sich sah. Er kam ihr vor wie jemand, der sein Leben schon gelebt hatte und nur darauf wartete in Rente zu gehen.

Erik war witzig, aber er versteckte damit die Angst, nicht genug zu sein. Er wollte begeistern. Und Maya? Nun, sie gab sich tough und unbeugsam, aber sie war wohl die verletzlichste unter ihnen allen. Ihre Fassade kaschierte gewaltige Unsicherheit. Katharina erkannte das, weil sie sie an ihr Spiegelbild erinnerte, das sie noch vor wenigen Stunden so eingehend betrachtet hatte. Das Gefühl, dass Katharina sich den anderen so zeigte, wie sie war, störte sie nicht. Nach diesem Abend würden sie alle getrennte Wege gehen und in ihre Leben zurückkehren. Irgendwann war sie sogar der Meinung, dass es nichts gab, was sie diesen Menschen nicht hätte erzählen können.

Bis sie diese eine Karte zog.

Katharina lachte gerade herzlich über einen schlagfertigen Wortwitz, doch ganz plötzlich verstummte sie. Zu ihrem großen Glück setzte sich in diesem Moment Herr Breuer wieder an ihren Tisch. Sie waren die letzte Gruppe. Das lenkte die Aufmerksamkeit aller von ihr und ihrer schrecklichen Karte ab, bei der sie etwas Besonderes mit ihren Kindern unternehmen sollte. Ohne, dass es jemand bemerkte, schob sie sie unter das Deck. Dann sah sie auf und dem Lehrer direkt in die Augen. Sie hatte nicht geglaubt, dass er noch müder aussehen konnte als zu Beginn des Treffens. Er nickte ihr zu, gab ihr zu verstehen, dass er gesehen hatte, wie sie die Karte hatte verschwinden lassen, sagte aber nichts. Die versteckte Karte kümmerte ihn nicht. Sein Plan, den ehemaligen Schülern eine Aufgabe und Spaß zukommen zu lassen, war aufgegangen.

»Wie schön, dass schon einige Karten auf euren Ja-Stapeln liegen«, sagte er stolz.

»Wollen Sie mitspielen?«, fragte Erik und deutete einladend auf die bunten Karten.

Herr Breuer verneinte mit einem milden Lächeln. »Nein danke. Heute geht es um euch.«

»Sie gehören zur Klasse«, warf Maya ein und erntete zustimmendes Gebrumme vom Rest der Gruppe.

Der Lehrer lachte. In eben diesem Moment ging die Tür auf und Katharinas Mann Gregor stand im Raum. Katharinas Blick schnellte zur Uhr. Sie hatte die Zeit völlig vergessen. Ebenso, wie den vereinbarten Zeitpunkt, an dem ihr Mann sie abholte. Sofort sprang sie auf und griff sich ihre Jacke, während sie hektisch ein paar Verabschiedungen in die Runde warf. Er musste schon eine halbe Stunde im Auto gewartet haben, ehe er den Entschluss gefasst hatte, hereinzukommen.

Gregor hob die Hände und beschwichtigte seine Frau mit neugierigem Blick auf den Tisch. »Kein Stress, Kit-Kat«, sagte er. Selbstsicher wie immer trat er an den Tisch und stellte sich vor. Er reichte jedem die Hand und bat Katharina, sich wieder zu setzen, da hier offenbar noch etwas im Gange war.

»Gregor, Gregor ...«, murmelte der Lehrer nachdenklich. Er musterte den Mann so eingehend, bis dieser es nicht mehr aushielt und er ihn grinsend erlöste.

»Eben jener, der bin ich, Herr Breuer.« Obwohl sie sich schon begrüßt hatten, schlugen ihre Hände noch einmal ineinander und der Lehrer erkannte seinen früheren Schützling.

Katharina verdrehte die Augen, während die beiden Männer, abseits des Spiels, in Erinnerungen schwelgten. Auch Gregor war auf diese Schule gegangen, aber drei Jahre vor Katharina.

Maya trommelte auf die Tischplatte und lenkte die Aufmerksamkeit der Spieler wieder auf ihre Karten. Die Dynamik schien mit einem Mal gestört zu sein und Erik fragte in die Runde, wie viele Karten jeder von ihnen hatte. Sie zählten. Jeder hatte neun, bis auf Maya und Katharina.

»Ich bin dran«, sagte Maya sofort. Ihre Finger schnappten die oberste Karte. »Bedanke dich bei einem fremden Menschen«, las sie vor.

Die Zeit für lange Gespräche war vorbei. Alle wussten das. Die gelbe Karte glitt ihr leicht auf den »Ja«-Stapel und dann sahen sie einander fragend an. Daniela hatte die Spielregeln erklärt und damit geendet, dass die Gruppe nun ein Erlebnis für jeden aussucht, das innerhalb eines Jahres umgesetzt werden muss.

»Was ist das?«, fragte Katharinas Mann den Lehrer. Er nahm willkürlich eine Karte von Stephans Stapel, um sie anzusehen. »Erschaffe dein eigenes Kunstwerk«, las er und hob die Brauen.

Stephan zupfte ihm die wasserblaue Karte wieder aus der Hand und legte sie feinsäuberlich zurück auf »Ja«.

»Ein Spiel um Glück«, antwortete Herr Breuer.

»Glückspiel?« Gregor lachte laut auf und klopfte seine Frau auf den Rücken. Er warf einen Blick auf den »Nein«-Stapel seiner Frau und fragte: »Warum ist das bei Nein?« Er nahm sie hoch. »Miete eine Berg- oder Almhütte. Ist doch super!« Lächelnd legte er die Karte auf »Ja«.

»Zieht ihr noch und dann können wir zum Ende kommen«, meinte Stephan und nickte ihnen zu.

Während Daniela sich die Zeit nahm, Gregor in wenigen Worten zu erklären, wie die Gruppe an dieses Spiel gekommen war und wie es funktionierte, führte Katharina ihre Hand zum Stapel, froh, dass niemand sie auf die vorherige angesprochen hatte. Aber etwas hatte sich geändert, jetzt, da Gregor ihr über die Schulter schaute. Sie wusste, dass, welche Karte es auch sein mochte, er die Entscheidung treffen würde. Die anfängliche Gleichgültigkeit stellte sich wieder ein.

»Setze dich spontan in den Flieger oder Zug«, schallte Gregors Stimme über ihren Kopf, ehe sie selbst die Gelegenheit hatte, laut vorzulesen. Er klang heiter und setzte ein »Super« hintendran. Seine Finger drückten motivierend in ihre Schulter. »Mach das!«, meinte er und Katharina legte die Karte auf »Ja«, ohne darüber nachzudenken.

Maya hatte die Augen ein wenig zusammengekniffen und musterte Gregor und den Einfluss, den er auf seine Frau ausübte.

Erik klatschte in die Hände und schüttelte sich. »Dann lasst uns herausfinden, was wir tun werden. Fangen wir an!«

Es war ein Versuch, den verlorenen Schwung wiederzufinden, aber dieser Zug war abgefahren. In weniger als fünf Minuten bekamen alle ihre Karte zugeteilt. Katharina erhielt die spontane Zugfahrt, obwohl Maya versucht hatte, die Gruppe auf eine andere der Karten zu lenken. Maya störte sich augenscheinlich daran, dass ausgerechnet die Karte für Katharina ausgewählt worden war, für die sie sich nicht selbst entschieden hatte. Aber Katharina machte sich nichts daraus und griff ihren Plan von vor dem Beginn des Spiels wieder auf: Sie würde für ein Frauenhaus spenden.

Maya und die Ungerechtigkeit

Nichts ärgert mich mehr als Ungerechtigkeit. Und weil es davon in der Welt einfach viel zu viel gibt, wirke ich auf mein Umfeld oft verbittert und aggressiv. Eine junge Frau mit großen Ambitionen und noch größeren Träumen. Ich stamme aus Indien, einem Land voller Farben und Kontraste. Meine Eltern haben hart gearbeitet, damit ich eine gute Ausbildung bekommen konnte. Ich bin dankbar dafür, aber ich weiß auch, dass ich in einer privilegierten Position bin. Viele Frauen in meinem Land haben nicht dieselben Chancen wie ich.

Ich habe mich für den Beruf der Unternehmensberaterin entschieden. Ich weiß, dass es ein von Männern dominiertes Gebiet ist, aber ich lasse mich davon nicht einschüchtern. Ich bin bereit, hart zu arbeiten, um meine Ziele zu erreichen. Ich will eine Stimme haben und gehört werden. Ich will etwas bewegen.

Ich bin Feministin. Ich glaube an die Gleichberechtigung der Geschlechter und ich kämpfe dafür. Es gibt immer noch so viel zu tun, aber ich bin zuversichtlich, dass wir es schaffen können. Mein Glaube an eine bessere Zukunft ist unerschütterlich. Eine Zukunft, in der alle Menschen respektiert werden, unabhängig von ihrer Herkunft, Geschlecht oder Sexualität.

Ich liebe die Natur. Es ist der Ort, an dem ich mich am meisten zu Hause fühle. Ich bin ein großer Tierschützer und ich versuche, meinen Teil dazu beizutragen, die Welt zu einem besseren Ort für alle Lebewesen zu machen. Ich weiß, dass ich nicht alles verändern kann, aber ich kann zumindest einen kleinen Teil dazu beitragen.

Manchmal erdrücke ich mein Umfeld mit meinem Ehrgeiz und meiner Leidenschaft. Aber ich meine es gut. Ich möchte doch nur, dass wir alle zusammenarbeiten, um unsere Gemeinschaft zu stärken und unsere Welt zu einem besseren Ort zu machen.

Ich bin eine treue Freundin und ein ehrlicher Mensch. Ich glaube an das Gute im Menschen und ich versuche, anderen zu helfen, wann immer ich kann. Ich weiß, dass ich nicht perfekt bin, aber ich gebe mein Bestes.

Ein Studienkollege bezeichnete mich mal als kleinen Terrier. Ich verbeiße mich in Kleinigkeiten und würde dann nicht mehr loslassen, hatte er gemeint. Dass ein weißer Mann aus der Oberschicht mit dem besten Praktikumsplatz in der Tasche – trotz mittelmäßiger Noten und halbherzigem Einsatz – leicht reden hatte, musste ich ihm danach einfach an den Kopf werfen. Auf meine Worte bin ich zwar nicht stolz, aber noch heute ärgere ich mich über diesen Menschen. Obwohl ich ihn seit vier Jahren nicht mehr gesehen habe, hat er immer noch diese Macht über mich und meine Gefühlswelt. Manchmal ertappe ich mich dabei, mir die Frage zu stellen, was so ein Beau in einem Studienzweig wie Soziologie zu suchen hatte.

Ich selbst nutzte dieses Studium, um mir meinen eigenen Weg zu formen. Meine Eltern sind fleißige Menschen. Sie arbeiten Tag für Tag, um sich ein halbwegs angenehmes Leben leisten zu können. Das hat mir aber noch nie gereicht. Für mich war es immer schon wichtig, einen Beruf auszuüben, der auch anderen von Nutzen ist und nicht nur mein Überleben sichert. Heute bin ich mit meinen 30 Jahren als Unternehmensberaterin tätig. Eingestellt hatte man mich wahrscheinlich wegen meines »repräsentativen Aussehens« und der statistischen Quote, die es zu erfüllen galt. Aber behalten hatte man mich aufgrund meiner Leistung.

Die Welt ist nun einmal kein gerechter Ort. Es stimmt. In dieser Hinsicht bin ich vielleicht verbittert. Aber die Tatsache, dass ich und viele meiner Freundinnen auf dem Weg nach Hause die Autoschlüssel wie einen Schlagring in der Jackentasche umklammern oder ein Telefonat vortäuschen, wenn sich Schritte im Parkhaus zu auffällig in derselben Gleichmäßigkeit bewegen, lassen einen verbittern. Ich bin kein wütender Mensch. Ich liebe das Schöne auf dieser Welt, aber ich hasse, dass wir Menschen uns damit nicht zufriedengeben. Und wenn auch nur ein Bruchteil der Führungskräfte, die ich berate, auf meinen Rat hören und somit für einige Frauen und Minderheiten bessere Arbeitsbedingungen geschaffen werden, kann ich ruhiger schlafen. Und vielleicht ärgere ich mich so Tag für Tag ein bisschen weniger.

Maya hielt ihre tomatenrote Karte im Taxi vor sich auf den Schoß und starrte sie wütend an.

Der wütende Ausdruck in ihren dunklen Augen galt nicht der eigenen Karte, denn die hatte sich Maya selbst ausgesucht. *Bewirke mit kleinen Taten Großes*. Eine Aufgabe, die zu ihrem Leben passte. Tatsächlich versuchte sie das in allem, was sie tat, widerzuspiegeln. Aber Katharina hatte eine Aufgabe bekommen, die sie sich nicht selbst ausgesucht hatte. Maya wusste, dass sie das noch lange beschäftigen würde.

Die Gruppe hatte sich verabschiedet und sogar voll Optimismus Telefonnummern getauscht, auch wenn wahrscheinlich niemand an ein Wiedersehen glaubte. Dennoch würde sie viele Tage darüber nachdenken. Sie erinnerte sich an Katharina, wie sie gewesen war. Und noch immer steckte etwas von dem schüchternen Mädchen von damals in der nach außen hin so selbstsicheren Frau.

Der Taxifahrer hatte vor einigen Minuten die Lautstärke des Radios erhöht, um das Schweigen auf dem Rücksitz erträglicher zu machen. Er schien erleichtert, sie vor dem Hoteleingang loszuwerden. Das Hotel war für Geschäftsreisende ausgelegt. Ein gerader Stil, der den Stempel der Mittelmäßigkeit aufgedrückt hatte.

Eine Freundin hatte Maya begleitet und den Abend im Hotelzimmer verbracht. Sarah, die sie seit dem Studium wie eine Schwester liebte. Neugierig erkundigte sie sich nach dem Klassentreffen. Maya ließ den Abend Revue passieren. Mit allen Emotionen und Gedanken. Und ihr blieb fast nichts anderes übrig, als weit ausschweifend von dem Spiel zu erzählen und davon, wie es für Katharina geendet hatte.

Sarah nickte mit einem milden Lächeln auf den Lippen. Niemand kannte Maya besser als Sarah und niemand wusste mit ihrer hitzigen Art besser umzugehen.

»Findest du nicht, dass du etwas zu hart mit dem Mann ins Gericht gehst? Du hast ihn wie lange gesehen? Zehn Minuten?«

»Oh ich erkenne einen misogynen Narzissten, wenn ich einen sehe!«, wetterte Maya und schob sich die Brille über den Nasenrücken.

Auf Sarahs verdutzen Blick folgte ihr lautes Gelächter. Sie schloss die Augen und warf den Kopf zurück. »Misogyner Narzisst?«

Maya konnte beim besten Willen nichts Komisches daran erkennen. Als Sarah sich beruhigt hatte, wischte sie sich mit dem Handrücken die Augen trocken. Dann bemerkte sie das ernste Gesicht in ihrem Gegenüber.

»Wenn du in der Psychoanalyse so schnelle Schlüsse ziehen kannst, hast du dir den falschen Job ausgesucht«, sagte Sarah. Sie legte ihre Hand auf Mayas Oberschenkel und drückte ein wenig zu. »Er ist sicher vieles, aber auf keinen Fall frauenfeindlich. Die Frau wird schon wissen, wen sie geheiratet hat.«

Maya schnaubte nachdenklich.

»Erzähl mir doch vom Lehrer. Du sagtest, er sah schrecklich aus.«

An dieser Stelle verschwand die *Bucketlist*-Spielkarte in den Hintergrund, ebenso wie die Gedanken an Katharina und Gregor.

Maya berichtete ihrer Freundin von Johannes Breuer. Einem Lehrer, der nicht wie die anderen war. Er hatte Elan. Ein Mann mit dem Wunsch, die Welt zu verändern. Kind um Kind. Für sie war er nicht viel mehr als ein Lehrer gewesen, aber für einige der anderen war er eine Vaterfigur gewesen. Ihn so gesehen zu haben – regelrecht in die Knie gezwungen – hatte sie alle unerwartet schwer getroffen. Aber niemand hatte nach dem Grund gefragt.

»Er sagte immer, dass die Kinder das Einzige sind, was wir an dieser Welt verändern können. Wenn wir zu guten und ehrlichen Menschen werden, dann hätte er seinen Bildungsauftrag erfüllt, nicht, wenn wir den Satz des Pythagoras um drei Uhr morgens korrekt rezitieren konnten, wenn man uns wachrüttelte.«

»Und du glaubst, dass er krank ist?«, fragte Sarah.

»Entweder das oder er macht seit zehn Tagen eine Regenwasserdiät.«

Sarah presste die ermahnend die Lippen aufeinander.

»Genug von diesem deprimierenden Thema!« Maya klatschte in die Hände. »Wie wär's mit Zimmerservice?«

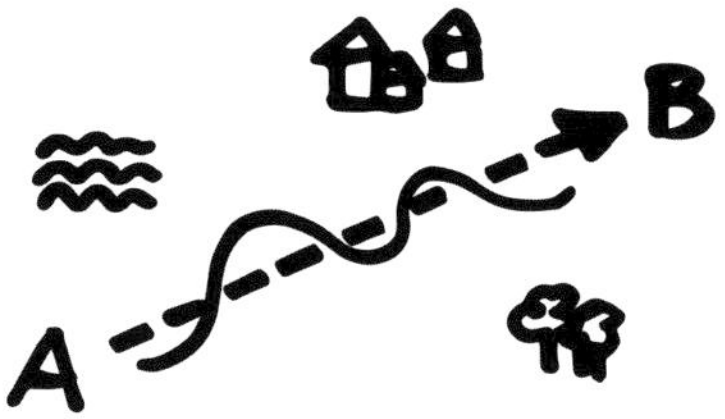

ERIK UND DIE RASTLOSIGKEIT

Ich kann nicht genau sagen, woran es lag. Aber etwas in mir veränderte sich an diesem Abend.

Ich verließ dieses Klassenzimmer mit einer Energie, wie sie mich schon lange nicht mehr durchströmt hatte. Ich war ohne Erwartungshaltung hingegangen. Einfach aus Neugier. Und nun fand ich mich verändert vor. Ich entdeckte ein Feuer in mir. Ich brannte schon lange auf Veränderung, das wusste ich. Aber war die Veränderung, die ich bereits begonnen hatte, die richtige oder rührte mein Drang nach etwas Neuem und Frischem von einer anderen Richtung her? Ich war immer schon auf der Suche nach dem nächsten Abenteuer gewesen. Wankelmütig nannte es mein Großvater. Ein Blatt im Wind war ich für meine Mutter. Meine Freundin liebte mich für eben diese Abenteuerlust, obwohl sie sich mittlerweile sicher wünschte, ich würde endlich zur Ruhe kommen.

Doch zur Ruhe zu kommen, liegt mir nicht. Und so treibe ich rastlos zwischen meinen eigenen Zielen und Wünschen umher, die sich schneller ändern, als ich sie erreichen kann. Als Jugendlicher war ich der Meinung, eine weiterführende Schule sei für mich das Richtige. Alle meine Freunde gingen auf eine technische Schule und Computer reizten mich ohnehin. Aber als die Aufnahmeprüfung geschafft war und das erste Semester mich mit mehr oder weniger schlechten Noten für meine Faulheit strafte, schien mir der Reiz eigenen Geldes wesentlich größer. Ich brach die Schule nach einem Jahr ab und suchte nach einer Lehrstelle.

Es war alles dabei. Mechaniker, Maler, Einzelhandel. Aber geworden ist es die Gastronomie. Meine Lehre beendete ich mit Auszeichnung, was meine Eltern zu der Erkenntnis führte, ich hätte wohl die passende Wahl für mein Leben getroffen. Und wann immer mir mein Umfeld, der Beruf oder die Arbeit langweilig wurden, wechselte ich Stadt und Betrieb. Und nun hatte bis heute bereits in großen Städten, angesehenen Häusern und gehobenen Betrieben gearbeitet. Ich war im Ausland, in Saisonbetrieben und habe unter namhaften Kollegen den Löffel geschwungen.

Die Orte mochten wechseln und es fühlte sich jedes Mal wie die ersehnte Flucht an, doch schon mein erster Küchenchef hatte mir prophezeit: »Einmal Gastro, immer Gastro.«

Bis ich Barbara getroffen hatte. Dann hatte ich den Platz in dieser Welt gefunden. An der Seite dieser Frau und als Vater unserer Tochter. Nun kann ich den Klauen des Alltags nicht länger einfach entschlüpfen und in neues Wasser tauchen. Ich brauche eine langfristige Lösung, die mein Leben erfüllt. Der Druck, meiner Tochter ein Vorbild zu sein, ist größer, als ich gedacht habe. Ich darf einfach nicht mehr versagen. Ich bin jetzt Vater und trage Verantwortung. Trotzdem ... Ich möchte so viel erleben und unternehmen. Voll Energie sein, um mich jeder Aufgabe dieser Karten ohne weiteres stellen zu können. Ich möchte, dass man mich trifft und sich denkt: »Junge, der Kerl ist glücklich.«

Denn das bin ich doch, oder?

Erik lenkte den etwas älteren Ford Mondeo in die Einfahrt und kam zum Ende seiner Erzählung. Er bedauerte, nur eine Karte bekommen zu haben. So viele andere hatte er auf seinen Ja-Stapel gelegt.

Ehe er ausstieg, vergingen ein paar Sekunden. Erik hatte das Gefühl, sobald er dieses Auto verließ, würde dieser Abend enden und die Energie, die er daraus mitgenommen hatte, hinter ihm verschwinden wie der Dunst einer heißen Dusche, der sich im Raum hielt, bis man Tür oder Fenster öffnete.

Der Bewegungsmelder im Vorzimmer ging an und Barbara öffnete die Haustür, ein müdes Lächeln auf den Lippen und eingehüllt in eine graue Strickjacke. So spät nach Hause zu kommen, hatte er gar nicht geplant.

Eriks Hand lag noch auf dem Lenkrad. Diesen Moment zu verlassen, fiel ihm schwer. Nicht, weil er nicht in sein Leben zurückkehren wollte. Sein Leben war wundervoll. Er hatte alles, wovon man nur träumen konnte. Eine wunderbare Frau, eine gesunde kleine Tochter. Ein solides, leistbares Dach über dem Kopf und einen Job, der einen jährlichen Familienurlaub ohne großes Sparen ermöglichte. Und doch ... heute hatte er so viele

Karten in seinen Händen gehalten. Jede einzelne mit einer Überschrift, die eine Überschrift zu je einem Kapitel seines Lebens sein könnte.

Jeden Tag ging er zur Arbeit. Jeden Tag kam er nach Hause, wo er über kurz oder lang auf dem Sofa endete. Matt und ausgepowert, obwohl er nichts erlebt hatte außer Pflichten. Sein Blick glitt auf die Karte in der Mittelkonsole. Das Frühlingsgrün der Karte leuchtete zwischen der leeren Kaugummidose und seiner Sonnenbrille. *Wage eine Luftlinienwanderung.* Luftlinienwanderung. Ein Wort, das ihm bis heute gänzlich unbekannt gewesen war.

Erik stieg aus. Er begrüßte seine Frau mit einer liebevollen Umarmung, in die er jede Menge Dankbarkeit legte, die sie zuerst nicht zuordnen konnte. Sie erkundigte sich nach dem Abend und gemeinsam gingen sie ins Haus.

Sie lebten in Barbaras Elternhaus, aber in einer abgetrennten Wohneinheit. Früher hatte die Familie es vermietet. Jetzt war es eine renovierte Wohlfühloase von 94 Quadratmetern. Barbara hatte jedes Zimmer liebevoll gestaltet und eingerichtet. Sie arbeitete in einem Möbelhaus als Einrichtungsberaterin und in ihrer Freizeit malte sie gerne. In jedem Raum hingen ihre unwirklichen, abstrakten Werke.

Eriks Frau war der kreative Kopf in ihrem bis vor kurzem Zweier- und seit fast einem Jahr Dreierteam. Die kleine Elena, ihre Tochter, hatte sich zu Anfang ein wenig geziert, zu der Familie zu stoßen. Nach zehn Tagen über der Zeit waren die Wehen eingeleitet worden und dreizehn Stunden später durfte Erik seine Tochter im Arm halten.

Die Nächte der ersten Wochen waren schrecklich gewesen. Sogar mit abwechselnden Schichten bekam niemand seinen Schlaf. Sie hatten alles versucht. Gleiches Bett, Beistellbettchen, Wiege, Gitterbett, Kinderwagen und sogar mit dem Auto. Stillen, Fläschchen, Schnuller, kein Schnuller, Tragetuch. Obwohl die beiden tagsüber unglaublich viel Unterstützung von Barbaras Eltern erhalten hatten, waren sie den nächtlichen Unruhen wehrlos ausgesetzt. Und dann, von einem auf den anderen Tag, war es vorbei. Jetzt gab es sogar Nächte, in denen Elena kein einziges Mal aufwachte. Sie hatte ihre ersten Schritte getan und ihr erstes Wort gesagt: *Wauwau*. Wenn es hin und wieder zu Schreianfällen kam, nannte Erik Elena gern das exzentrische Künstlerbaby. So verzweifelt konnte Barbara gar nicht sein, dass sie nicht wenigstens darüber schmunzelte.

Barbara war mittlerweile zu Bett gegangen. Erik setzte sich noch an den restaurierten Kachelofen, der das Herzstück der Wohnung war. Sein Denkerplatz. Genau hier hatte er vor einigen Monaten den Entschluss gefasst, noch einmal von vorn zu beginnen. Hier hatte er die Entscheidung getroffen, die Reifeprüfung nachzuholen, um danach ein Studium zu beginnen. Welches? Es gab so viele, die sich anboten. So vieles, wofür er sich begeisterte. Aber welches der richtige Beruf war, um ein Leben lang darin glücklich zu sein? Die Antwort auf diese Frage kannte er nicht. Viele Male hatte er die Entscheidung seither angezweifelt.

Vielleicht war es eher ein Zweiflerplatz.

Die graublauen Kacheln im Rücken, die in dieser Jahreszeit nur selten warm waren, sinnierte Erik über seine Aufgabe. Er war viel zu aufgekratzt zum Schlafen. Ein rebellischer Teil in ihm wollte am liebsten sofort in eine Himmelsrichtung davonstürmen, aber er musste morgen arbeiten. Er würde erst nach Hause kommen, wenn es bereits dunkel war. Also setzte er seine Reise für den nächsten freien Tag an.

Leichter gesagt als getan. Schon ohne die zusätzliche Belastung der Abendschule war der Job als Souschef herausfordernd für einen Mann mit Familie. Die variierenden Arbeitszeiten verlangten Flexibilität und Hingabe. Glücklicherweise war Erik in den Augen des Kollegiums und seiner Vorgesetzten ein unverzichtbarer Mitarbeiter und so konnte er für sich einen geregelteren Dienstplan aushandeln. Man war froh, dass er nicht einfach kündigte, sondern seine Ausbildung nebenberuflich absolvierte. An drei Abenden in der Woche besuchte er also einen Kurs, um seine Reifeprüfung zu absolvieren, die ihm hoffentlich die Türen zu einem Studium öffnete.

So zog eine Woche ins Land. Dann eine zweite. Die Karte prangte wie ein Mahnmal an der Kühlschranktür. Das Frühlingsgrün im Kontrast zum rosaroten Magneten. Erik warf jedes Mal, wenn er die Kühlschranktür öffnete einen sehnsüchtigen Blick darauf.

Heute war sein freier Tag, aber er hatte versprochen, die Europaletten für das neue Kräuterregal, das Barbara nach einer Pinterest-Vorlage anfertigen wollte, zu schleifen und zu streichen. Die Sonne schien durch das Küchenfenster auf die Arbeitsplatte in Marmoroptik und erinnerte ihn daran, dass er viel lieber querfeldein seiner ihm zugeteilten Aufgabe nachgehen wollte. Oft öffnete er die Nachrichtenapp, um zu überprüfen, ob bereits einer seiner Mitstreiter ein Bild mit ihnen geteilt hatte. Aber nichts. Den anderen vieren schien es ähnlich schwerzufallen, in die Gänge zu kommen.

»Wenn du Elena nimmst, kann ich es auch alleine machen«, meinte Barbara und hob das kleine blonde Mädchen aus dem gepolsterten Hochstuhl.

Erik verneinte, konnte aber nicht verhindern, enttäuscht zu klingen, nachdem er ein paar Sekunden auf das Frühlingsgrün gestarrt hatte. Barbara hievte sich Elena seitlich auf die Hüfte und griff nach der Stoffwindel. Das Mädchen gluckste fröhlich. Aus dem von Karottenbrei orange gefärbten Gesicht grinste ein zahnloser Mund. Wenn er sie um den Rücken schnallte, würde es vielleicht gehen. In Eriks Kopf türmten sich Felsen auf und Schluchten versperrten ihm den Weg, dann sah er sich schon mit dem Kind auf dem Rücken klettern und steigen.

»Hast du mir zugehört?«, fragte Barbara streng.

Erik schüttelte sich aus dem Tagtraum und blickte in die beiden großen Augenpaare von Mutter und Tochter, die einander glichen wie ein Ei dem anderen. »Nein«, gestand er.

Barbara seufzte, lächelte aber. »Ich habe gefragt, ob ich Elena zu meinen Eltern bringen soll.«

»Nein, es ist doch gar nicht so wichtig.« Erik streckte die Hände nach der Kleinen aus und sie fing freudig an zu zappeln. Er nahm seine Tochter an sich und drückte den kleinen Körper. Sie roch nach Brei und die winzigen Kinderfinger griffen sofort nach den Kordeln des Kapuzenpullovers. Während Barbara einen Stofflappen unter warmes Wasser hielt, überlegte Erik, warum er sich derart unter Druck setzte, seine Aufgabe zu erledigen. Er hatte noch fünfzig Wochen Zeit.

Barbara reichte ihm den Lappen und er begann sorgfältig, die fleischigen Pausbäckchen vom Karottenbrei zu befreien. Elena sträubte sich ein wenig. Warf ein Nein in den Raum und kniff die Augen zusammen.

Fast den ganzen Nachmittag verbrachte die kleine Familie im Garten. Es war noch warm genug, um ohne Jacke rumzulaufen, obwohl ein kühler Wind das erste Laub des Herbstes durch die Luft tanzen ließ. Erik kam seinem Versprechen nach. Ähnlich wie die abgeschliffenen Holzspäne wirbelten auch seine Gedanken. Das Kartendeck ließ ihn nicht los. Er kannte diese fanatische Euphorie aus der Vergangenheit. Immer wieder infizierte er sich regelrecht an neuen Leidenschaften und Hobbys. Die Begeisterung für Neues war eine seiner größten Stärken und gleichzeitig seine größte Schwäche. Was hatte er schon Geld ausgegeben für Sportausrüstungen und Hobbybedarf. Er hatte eine Spiegelreflexkamera, einen Setzkasten für Uhren, eine komplette Tauchausrüstung und sogar eines dieser Zelte, die man an einer Felswand befestigen konnte, um die Nacht an einem Abhang zu verbringen. Über drei bis vier Klettersteige war er allerdings nie hinausgekommen. Eriks Blick glitt hinüber zu Barbara und Elena.

Barbara hatte ihre hellgelben Gartenhandschuhe an und kniete auf einem Kissen vor der Kräuterschnecke aus Ton. Sorgsam hob sie jede Pflanze aus dem schmalzulaufenden Beet und setzte sie in einen kleinen Topf. Elena steckte bis zur Brust in einer blauen Matschhose. Bald tapste sie ein paar Schritte in diese Richtung, bald in die andere, bis sie wieder Po voran auf das Gras plumpste. Sie pflückte Grashalme und warf sie in einen kleinen Eimer. Nicht wenige davon flatterten gerade über der Öffnung vom Wind getrieben genau daran vorbei wieder auf den Boden. Erik schmunzelte. Es hätte ihn nicht gewundert, wenn der Eimer vollkommen leer gewesen wäre.

Der Tag ging auf dem Sofa zu Ende. Elena war früh eingeschlafen und Barbara saß, die schlanken Beine angewinkelt, neben Erik und las einen Onlineartikel einer Promiklatschzeitschrift. Er hatte seine Füße auf dem Beistelltisch übereinandergeschlagen und ein dickes Kissen im Rücken, die Arme verschränkt und die Augen auf dem Bildschirm, obwohl er kein Interesse an der Sendung hatte. Der Fernseher berieselte ihn nur. Sorgte für Lärm, um nicht im Stillen zu sitzen.

»Nächsten Sonntag, okay?«, meinte Barbara schließlich, ohne von ihrem Handy aufzusehen.

Erik brummte erst zustimmend, ehe er sich besann, und aus seinen Gedanken zurückkehrte, um zu überprüfen, wozu er gerade zugestimmt hatte.

»Dein Spaziergang«, fügte Barbara hinzu. Jetzt sah sie ihn an und lächelte. »Die Luftlinienwanderung«, korrigierte Erik.

Sie nickte. »Genau.«

Stephan und die Wiederentdeckung seiner Aufgabe

Seit einer halben Stunde jagte Stephans Frau Melanie bewaffnet mit Gummihandschuhen und Putzeimer durch das Haus. Was ihr in die Quere kam, landete mit einem scharf ausgesprochenen Befehl zur Räumung vor den Füßen ihres Mannes. Stephan äußerte keine Widerrede. Spielzeug, Ladekabel, Stirnlampe, Socken, ein Schraubenzieher. Eines nach dem anderen kehrte so zurück an seinen ursprünglichen Platz. Dann drückte Melanie ihm eine leere Glasreiniger-Sprühflasche in die Hand.

»Bitte steck es tief in den gelben Sack. Wenn sie sie zu sehen bekommt, weiß sie, dass ich erst im letzten Augenblick geputzt hab!«

Das Ende des Satzes erreichte Stephan aus dem Wohnzimmer. Melanie hatte keine Zeit, für eine Bitte anzuhalten. Wie verloren stand Stephan im Flur, die Plastikflasche in der Hand. Er seufzte und presste die Lippen aufeinander.

»Warum sollte meine Mutter in unseren gelben Sack schauen?«, wollte er wissen.

»Du würdest dich wundern!«, schallte es nun aus dem Badezimmer.

Ein Signalton ging dem Geräusch der Wasserpumpe voraus. Dann legte die Waschmaschine los und es hätte keinen Sinn gehabt, noch einen Satz zu rufen. Als Stephan von der Garage zurückkam, hörte er die letzten Schranktüren zuknallen und Melanie trottete erschöpft die gewundene Holztreppe herunter. Es lag nicht ein Krümel auf dem Boden, das Haus sah aus wie einem Katalog entsprungen. Man hätte niemals geglaubt, dass hier tatsächlich jemand wohnte. Die Spiegel waren streifenfrei, abgesehen von Dekoelementen lag nicht ein Gegenstand herum. Kein einziges Spielzeug befand sich außerhalb der dafür vorgesehenen Kisten. Die Schuhe im hellen Vorzimmer standen in Reih und Glied. Die dunkle Arbeitsplatte der großzügigen Küche war leer. Das Waschbecken wies nicht einen Wasserfleck auf. Die Kissen auf dem Sofa waren hübsch ausgerichtet.

Eigentlich hätte Stephan die beiden Jungs von seinen Eltern abholen sollen, aber seine Mutter Imelda hatte angerufen und ihnen mitgeteilt, dass sie ohnehin unterwegs waren und sie sie vorbeibringen würde. Gerade als Melanie auf einen der Ledersessel niedersank, ertönte die Türklingel und sie sprang wieder auf. Stephan schmunzelte.

Beide sammelten ihre Energiereserven, um sie in Empfang zu nehmen. Noah und Bastian stürmten energiegeladen an ihren Eltern vorbei, riefen eine Begrüßung und verschwanden über die Treppe nach oben. Schuhe, Jacken und Mützen landeten unterwegs dort, wo sie sie von sich schleuderten. Melanie begrüßte ihre Schwiegermutter und erkundigte sich, ob die Kinder auch brav gewesen waren.

»Zwei kleine Engel!«, sagte Imelda. »Wirklich! Man spürt sie gar nicht.«

Stephan umarmte seine Mutter, die gut einen Kopf kleiner war als er. Sie hatte ebenso dunkles Haar wie Melanie, trug es aber zu einem strengen Dutt nach hinten.

»Komm doch rein, Imelda. Entschuldige die Unordnung«, sagte Melanie und führte sie mit einer einladenden Geste über die Türschwelle.

Stephans Mutter sah sich um und antwortete: »Mach dir keinen Kopf, Liebes, so schlimm ist es gar nicht. Es ist ja auch ein großes Haus und mit zwei kleinen Schlingeln kann es doch gar nicht immer aufgeräumt sein.«

Kaum hatte Imelda ihrer Schwiegertochter den Rücken gekehrt, rollte diese mit den Augen und wandte sich hilfesuchend an Stephan, der wieder nur ein schelmisches Grinsen zustande brachte. Die passive Rivalität der beiden wichtigsten Frauen in seinem Leben amüsierte ihn seit Jahren.

»Ah, ihr habt das Sofa umgestellt«, bemerkte Imelda. Sie kniff die Augen zusammen und musterte den Raum. »Sieht jetzt aber kleiner aus, nicht?«

»Möchtest du eine Tasse Kaffee?«, fragte Melanie.

Die drei betraten die offene Küche. Imelda stieß einen brummenden Ton aus.

»Ich habe dir auch Vollmilch besorgt«, fügte Melanie hinzu.

»Wenn das so ist, nehme ich gerne welchen.«

Imelda setzte sich an den Rand der Eckbank. Die Essgruppe war das Herzstück des Hauses. Hier spielte sich das Leben zu jeder Zeit ab. Der große Tisch aus dunklem Nussholz und die Kunstledergarnitur verliehen der eher kühl gehaltenen Einrichtung Leben. Eine Vase mit frischen Schnittblumen stand in der Tischmitte. Imelda zupfte das einzig welke Blatt heraus, stand auf und warf es in den Mülleimer unter der Spüle. Wieder glitt ein hilfesuchender Blick von Melanie an ihren Mann, der abgesehen von dem Wort »Hallo« noch nichts gesagt hatte.

Vom Mülleimer wanderte Imeldas Aufmerksamkeit zu Melanies langem Haar. »O Liebes«, sagte sie mit diesem mitleidvollen Unterton in der Stimme, »Jojobaöl würde gegen deinen Spliss helfen. Ich glaube, ich habe sogar ein Fläschchen im Auto.«

Melanie verneinte dankend, bat ihre Schwiegermutter, sich zu setzen, und widmete sich der Kaffeemaschine. Stephan stellte gerade das kleine Tetrapack Vollmilch und die Hafermilch auf den Tisch.

Der kurzfristig angekündete Besuch dauerte nicht lange. Stephans Mutter erzählte von ihren Einkäufen, schimpfte über ihren Mann und seine Angewohnheit, alle Aufgaben im Haus nur halb zu erledigen.

»Er lässt sich immer so leicht ablenken«, klagte sie. »Er möchte die vergilbte Verkleidung einer Steckdose tauschen, hört dann ein Quietschen beim Öffnen der Schuppentür, findet kein Schmieröl, fährt in den Baumarkt, um welches zu kaufen, und kommt mit einem neuen Vogelhaus nach Hause. Dann hab ich drei Tage eine Steckdose ohne Verkleidung und Gott behüte, dass ich den Schraubenschlüssel verräume.«

Stephan lachte. Er erinnerte sich gut an diese Momente seiner Kindheit, in denen er seinem Vater hinterhergedackelt war. Es konnte immer wieder vorkommen, dass eine zu tauschende Glühbirne mit einem neuen Garagentorantrieb endete. Imelda fluchte stets, wenn es etwas zu reparieren gab, denn die Kettenreaktion war nicht aufzuhalten, wenn sie erst einmal in Gang gesetzt worden war.

Zwischenzeitlich erwähnte Imelda, dass die vegane Roulade, die Melanie am Vormittag gebacken hatte, fast so gut schmeckte wie eine echte, und vergaß nicht zu erwähnen, dass sie Noah und Bastian noch eine warme Leberkässemmel gekauft hatte, bevor sie hergekommen waren, damit sie ein paar wichtige Inhaltsstoffe bekamen, die sie ja sonst vermissten. Ehe sie sich auf den Weg machte, bot sie noch ihre Hilfe im Haushalt an. Sowohl Stephan und Melanie lehnten dankend ab und schoben die Frau mit den besten Wünschen und einem breiten Lächeln aus der Tür.

Die ersten Sekunden nach dem Besuch verharrten die beiden schweigend und lauschten dem aufheulenden Motor. Stephan liebte seine Mutter, aber ihre Besuche kosteten eine Menge Energie.

»So schlimm ist es gar nicht«, spottete Melanie leise und schüttelte den Kopf.

Stephan lachte wieder. Er hatte ein dunkles Lachen. Melanie zog ihn gerne damit auf, wie ein böser Wissenschaftler zu klingen, der die Weltherrschaft an sich zu reißen versuchte.

»Sie meint es doch gut«, beschwichtigte er und nahm seine Frau in den Arm.

Die Waschmaschine piepte mit ihrem schrillen Ton und Melanie atmete schwer durch. Sie wollte sich aus der Umarmung lösen, aber Stephan drückte sie fester an sich. Sie kicherte. Von oben hörten sie die Kinder rufen, etwas rumpelte und ein Streit war zu hören.

»Ich mache das«, sagte er. Er gab ihr einen Kuss auf das Haar. »Du entspannst, okay?«

»Okay«, seufzte Melanie.

Sie ließen voneinander ab und verschwanden in unterschiedliche Richtungen. Die beiden Streithähne waren gerade dabei, sich an die Gurgel zu gehen. Der Grund lag in der Spielzeuggarage und dem Beschleunigungsmechanismus für die kleinen Autos. Mit einem Knopfdruck sauste ein Fahrzeug vier Stockwerke nach oben. Bastian war fünf und verlor somit jedes Recht, diesen Knopf zu benutzen, an seinen älteren Bruder. Noah war sieben und hatte diese Regel vor wenigen Sekunden festgelegt. Ein strenges Wort genügte allerdings und die beiden Kinder verbündeten sich gegen Stephan und schoben ihn in ähnlicher Manier aus dem Zimmer, wie er seine Mutter aus dem Haus geschoben hatte. Er schmunzelte, lauschte einen Moment und ging, nachdem er wieder friedliches Gelächter hörte, um sich der Waschmaschine zu widmen.

Der Hauswirtschaftsraum war eines der Zimmer, die kaum jemand zu Gesicht bekam. Trotzdem hatte Melanie auch hier alles blitzblank geputzt. Es stimmte, manchmal schossen seiner Mutter die wildesten Ideen in den Sinn und wenn sie sich in den Kopf gesetzt hatte, zu helfen, war sie ähnlich stur wie sein Vater. Hätte die Waschmaschine ihr Surren zwei Minuten früher durch das Haus geschickt, hätte es passieren können, dass Imelda sich der Wäsche angenommen hätte. So war es Stephan, der die nasse Ladung von der Trommel in den Trockner umverteilte. Einen Wollpullover fischte er im letzten Moment noch einmal heraus und hängte ihn auf den kleinen Wäscheständer. Dann stopfte er das Hosenbein seiner Jeans wieder zurück und ertastete etwas, das nicht dorthin gehörte.

In der Gesäßtasche der Hose steckte eine mittlerweile blassblaue *Bucketlist*-Karte.

Sie war schwer in Mitleidenschaft gezogen worden. Melanie hatte in ihrer blinden Putzwut einfach jedes Kleidungsstück, das sie gefunden hatte, in die Waschmaschine geworfen. Stephan schaltete den Trockner an und widmete sich dann der Karte. *Erschaffe dein eigenes Kunstwerk*. Er hatte die Aufgabe schon fast vergessen. Er hörte Eriks Stimme in seinem Kopf: »Das wäre eine Karte für meine Frau. Die ist Künstlerin.«

Stephan hatte keinen Sinn für Kreativität. Er war kein Träumer und seine Zeichenkünste beschränkten sich auf technische Zeichnungen und Baupläne. Die Karte hatte ihn aber dennoch gereizt. Ging es in dem Spiel nicht darum, seine Komfortzone zu verlassen, sich neu zu entdecken und etwas zu ändern? Und Kunst, so ehrlich musste er mit sich sein, war etwas Schönes. Schon immer hatte er Menschen beneidet, die mit ihren eigenen Gedanken und Händen Dinge schufen, die in anderen etwas auslösten. Echte Gefühle beim Lesen eines Romans oder Gänsehaut bei einem Lied. Stephan reagierte auf Kunst. Er litt, er lachte und er bewertete. Doch etwas Derartiges selbst zu erschaffen, schien ihm immer unmöglich gewesen. Er wüsste nicht einmal, wie und wo er ein solches Projekt anfangen sollte.

Im nächsten Moment hielt er sein Handy in der Hand und suchte nach der Gruppe *Bucketlist Kartenspiel*. Sie befand sich nach den drei Wochen, die seither vergangen waren relativ weit unten im Chatverlauf. Noch hatte niemand etwas in die Gruppe geschrieben. Noch hatte niemand seine Aufgabe erledigt. Stephan tippte auf Eriks Nummer und fing an, eine Nachricht zu tippen.

STEPHAN UND DIE KUNST

»Sie haben Ihr Ziel erreicht.«

Stephan parkte seinen SUV in der Einfahrt eines großen Einfamilienhauses, das im typischen Stil der 70er erbaut worden war. Es war in Schönbrunngelb gestrichen mit einem Satteldach, aus dem mehrere Gauben ragten. Eine hohe Buchsbaumhecke umrahmte einen großen, uneinsichtigen Garten. Im Nachbarhaus bellte ein Hund, als Stephan aus dem Wagen stieg. Er hatte eine Flasche Wein und einen kleinen Schnittblumenstrauß bei sich, zu dem seine Frau Melanie ihm geraten hatte. Im Zentrum saß eine große Sonnenblume.

Obwohl er sich mittlerweile albern vorkam, klingelte Stephan und wurde nach nur wenigen Sekunden von Erik in Empfang genommen. Dieser grinste über das ganze Gesicht. Im Arm hielt er seine Tochter. Einen kleinen, in rosa gekleideten Blondschopf mit großen, blauen Augen. Als Antwort auf Stephans freundlichen Gruß verbarg sie schüchtern das Gesicht im olivgrünen Pullover ihres Vaters und nuschelte ein bestimmtes »Nein«.

»Nimm es nicht persönlich. Sie hat es nicht so mit Fremden«, meinte Erik, nahm dankend den Wein entgegen und trat beiseite, um den Besucher ins Haus zu lassen.

Seine gute Laune war ansteckend wie an jenem Abend und Stephans Zweifel schwanden, so wie er über die Schwelle getreten war.

Im Gegensatz zu seinem Fertigteilhaus bekannte sich dieses Gebäude zum Charme seines ehemaligen Glanzes. Die Wände waren dicker, die Decke aus schweren, dunklen Holzstreben und -latten. In den Wohnräumen war abgeschliffenes Parkett verlegt, was ihnen Wärme verlieh. Es war verwinkelt, aber dennoch hell und um den Kachelofen baute sich die ganze Wohneinheit auf. Man konnte von Zimmer zu Zimmer um ihn herumgehen. Eine gemütliche, gepolsterte Bank lud zum Rückenwärmen ein. Stephan konnte nicht anders, als im Vorbeigehen zu testen, ob die Kacheln warm waren.

Erik erkundigte sich, ob er Kaffee oder Bier bevorzugte.

»Kaffee wäre toll, danke«, antwortete Stephan. Er sah sich immer noch anerkennend um. Abgesehen vom Haus selbst war nichts altbacken. Geradlinige Möbel ohne Knöpfe. Hochglanzkommoden mit Echtholzelementen. Die unterschiedlichsten Bilder zierten fast jede freie Wand. Die Rahmen variierten in der Größe. Manche sehr farbenprächtig und turbulent, andere strahlten irgendwie beruhigend in den Raum. Ein merkwürdiger Kontrast, der aber zu funktionieren schien.

Der Mahlvorgang eines Vollautomaten ertönte und verbarg die Frauenstimme zunächst. Stephan merkte erst, dass Erik nicht mehr allein in der Küche stand, als der Lärm vorüber war. Rasch löste er seinen musternden Blick vom Wohnzimmer und trat in die Essküche.

Er und Barbara begrüßten sich verhaltener, aber dennoch freundlich. Er überreichte die Blumen.

Barbaras Lächeln veränderte sich von einem höflichen Ausdruck zu echter Freude. Sie öffnete einige Küchenschränke, um nach einer passenden Vase zu suchen.

»Milch und Zucker?«, fragte Erik.

»Schwarz, bitte.« Stephan nahm ihm die Tasse ab. Sein Blick glitt an die Kühlschranktür, wo die frühlingsgrüne Karte aus dem Deck hing. »Hast du deine Wanderung schon hinter dir?«

»Nein«, seufzte Erik.

»Wir lassen ihm keine Zeit«, scherzte Barbara, die Wasser in die dickbäuchige grüne Vase füllte und den Blumenstrauß hineinsteckte.

»Das kenn ich.« Stephan lachte. »Und dir macht es wirklich nichts aus, mir bei meiner Aufgabe von diesem *Bucketlist-Kartenspiel* zu helfen?«, fragte Stephan, um das Gespräch auf den Grund seines Besuches zu lenken.

»Nein, natürlich nicht!«

»Ich bin kein sehr kreativer Mensch. Wenn mir jemand helfen kann, dann eine echte Künstlerin.«

Wieder lachte Barbara. »Ich würde nicht so weit gehen, und mich Künstlerin nennen.«

»Ich schon«, warf Erik ein. »Ich erzähle das jedem.«

Die beiden tauschten einen liebevollen Blick und Erik nickte Stephan stolz zu.

»Ich wüsste nicht mal, welche Materialien ich kaufen sollte.«

»Ach, das haben wir gleich«, sagte Barbara. Sie berührte Stephan am Arm und winkte ihn mit sich. »Ich habe einiges da. Komm mit.«

Sie führte ihren Gast durch einen kleinen Flur in ein Zimmer, das nur der Malerei diente. Eine breite Terrassentür sorgte für jede Menge natürliches Licht. Es gab nicht nur eine, sondern drei Staffeleien und einen kleinen Rollwagen, auf dem man Leinwände wie Teller in der Spülmaschine aufreihen konnte. Ein anderer Wagen erinnerte an die Wagen beim Friseur. Aber er war nicht voller Kämme, Spiegel und Scheren, sondern gefüllt mit den unterschiedlichsten Pinseln, Spachteln und Schwämmen, Farben und Tuben, Sprühflaschen und Bechern. Leere Leinwände in allen möglichen Größen lehnten an der Wand.

»Wow«, entfuhr es Stephan unbewusst. Er tippte mit dem Finger auf einen Borstenpinsel. »Beeindruckend.«

»Danke. Solange wir nur Elena haben, geht das noch. Wenn erst mal zwei Kinder da sind, muss ich wohl in den Keller umziehen.« Barbara schloss die Tür.

»Ach, Bastian und Noah haben zwar jeder ein Zimmer, aber sie sind trotzdem nur in einem und schlafen auch die meiste Zeit zusammen«, meinte Stephan. »Ich glaube, eigene Zimmer brauchen sie erst als Teenager.«

»Na dann hab ich ja noch etwas Zeit.« Aus einer Schublade zog sie einen langen weißen Kittel hervor. »Hast du dir schon Gedanken gemacht?«, fragte sie und warf Stephan das Kleidungsstück zu.

Er stellte sich beim Fangen ungeschickt an, da er versuchte, den Kaffee nicht zu verschütten. »Gedanken? Nun ja, ich möchte ein Bild malen.«

»Auf Leinwand oder Papier?«

»Ähm«, er überlegte, »Leinwand?«

Barbara nickte. »Was möchtest du denn malen?«

Stephan blies ein wenig Luft durch seine Lippen und ließ seinen Blick suchend umherschweifen. »Keine Ahnung.«

»Abstrakt oder realistisch?«

»Ich kann nicht sehr gut zeichnen. Also Menschen und so was bekomm ich gar nicht hin«, gestand er.

Barbara trommelte sich mit den Fingern gegen das Kinn. Sie überlegte ein paar Sekunden. »Was für Bilder siehst du dir denn gerne an?«

»Das da gefällt mir.« Stephan wies auf eines der eingereihten Bilder. Es wurde großteils von einem anderen verdeckt, aber es war zu erkennen, dass es eine Blumenwiese unter bewölktem Himmel zeigte. Barbara trat zu den Bildern und hob es heraus, um es ihm aus der Nähe zu zeigen. Jetzt sah er, dass es fast nur aus Punkten und Farbtupfen bestand, die aus der Nähe betrachtet kaum ein Gesamtbild ergaben.

»Das ist ein impressionistisches Gemälde«, erklärte Barbara.

»Ist das schwierig?«

»Kommt drauf an«, sagte sie. »Welche Farbe hat der Stamm dieses Baumes?« Sie nickte zur Terrassentür.

»Braun?«, antwortete Stephan in fragendem Ton.

»Dann ist es schwierig.«

Stephan sah noch einmal hin. »Ist er denn nicht braun?«

Barbara stellte das Bild zurück und hob eine leere Leinwand auf die einzig freie Staffelei. »Welche Farben würdest du für diesen Baum nehmen?«, fragte sie.

Es war eine Fangfrage, ganz klar. Stephan musterte den Baum ein letztes Mal und griff nach zwei verschiedenen Brauntönen.

»Gut. Aber um diesen Baum in diesem Licht zu malen, bräuchtest du neben Braun auch Schwarz, Weiß, Gelb, Rot und Blau.«

Stephan brummte nachdenklich. Vielleicht hatte er sich mit dieser Aufgabe übernommen. Barbara bemerkte sein Zweifeln und in der nächsten Sekunde ergriff sie seine Hand.

»Komm!«, forderte sie ihn auf und zog ihn energiegeladen mit sich zur Tür, die sie in einer flinken Bewegung öffnete.

Von der Berührung überrumpelt, leistete Stephan keinen Widerstand und folgte Barbara nach draußen. Seine Socken nahmen die Feuchtigkeit der Wiese auf. Der Wind brauste ihm um die Ohren und wirbelte die losen Strähnen seiner langen, blonden Haare auf. Bis vor den Baum hatte Barbara ihn gezogen. Jetzt legte sie ihre Hände auf die Rinde und bat ihn, es ihr gleichzutun.

Stephan gehorchte. Seine Handflächen berührten die unebene Oberfläche. Die Flechten, die sich angesetzt hatten, waren brüchig und rieselten bei Kontakt nach unten. Risse durchzogen die Rinde, über ihm rauschte die sich langsam gelb färbende Krone, als würde sie dem Wind nicht standhalten können.

»Du musst nicht gut zeichnen können, um ein schönes Bild zu malen«, sagte Barbara ruhig. Sie schloss die Augen. »Aber du musst ein Gefühl für das bekommen, was du malen möchtest. Das ist nicht einfach nur ein Baum. Es ist eine Ulme. Wusstest du, dass Ulmen einzigartige Blätter haben?«

»Nein«, gestand Stephan. Sein Blick glitt am Stamm nach oben und er blinzelte in die dichte Baumkrone.

»Sie sind asymmetrisch.« Barbara sah zu ihm. »Wie lautet die Aufgabe, die auf deiner Karte steht?«

»Erschaffe dein eigenes Kunstwerk«, antwortete er.

Sie lächelte, wandte sich um und ging wieder ins Haus. Stephan klatschte sich den Schmutz der Rinde von den Händen und folgte ihr. Mit ihren nassen Socken hinterließen sie Fußstapfen auf dem Boden. Seine Frau wäre bei diesem Anblick in die Luft gegangen. Barbara jedoch beachtete es nicht weiter und bückte sich, um Stephan seinen Kaffee zu reichen.

»Weißt du, wie sich Kunst definiert?«, fragte sie.

Wieder musste Stephan verneinen. Obwohl sein mangelndes Wissen auf diesem Gebiet ihn verunsicherte, weckte es seine Neugier. Barbara wusste, wovon sie sprach. Es lag ein Feuer in ihren Augen, dessen Funke langsam aber sicher auf ihn übersprang. Er hatte das Verlangen, die Dinge, von denen sie sprach, zu begreifen. Zum ersten Mal seit einer gefühlten Ewigkeit verspürte er in sich den Drang, etwas Neues zu probieren. Über sich hinauszuwachsen. Er musste es versuchen.

»Kunst bedeutet nicht, etwas gut zu können. Oder etwas teuer zu verkaufen«, sagte Barbara. »Kunst ist das schöpferische Gestalten. Wir nehmen etwas Vorhandenes«, sie schob den Wagen mit den Utensilien vor Stephans Füße, »und erschaffen daraus etwas völlig Neues. Wir setzen uns mit der Welt und der Natur auseinander. Begreifen. Verstehen. Kunst ist menschliche Aktivität, Stephan. Nicht Können oder Talent. Ich meine, das schadet natürlich nicht«, scherzte sie, »aber darauf kommt es nicht an. Die Leinwand hat mit deinem Kunstwerk nichts zu tun. Es ist das, was du währenddessen fühlst. Und wenn es nur Farben sind. Der Moment deines Lebens, den du damit eingefangen hast. Den Teil deiner Seele, den du der Welt damit zeigst. Wenn du einen Baum malst, dann sieh die Ulme vor dir. Die Narben am Stamm, das Flattern der Blätter. Den Lebensraum für unzählige Lebewesen und Organismen. Dieser Baum kann ein eigenes Universum sein, wenn du es möchtest. Oder mal die Stimmung. Dein Gefühl. Mal den Wind oder die kühle Nässe, die du an den Sohlen gespürt hast, als deine Socken das Gras berührten.«

»Und wenn es mir am Ende nicht gefällt?«, fragte Stephan.

Barbaras Lächeln nahm einen verständnisvollen Ausdruck an. Sie legte den Kopf schief und berührte Stephan am Unterarm. »Dann ist es eine Erfahrung, an der du wachsen kannst. Und solche Erfahrungen zeichnen den Menschen doch aus.«

Stephan besah die weiße Leinwand. Unsicherheit und Ungeduld hielten sich die Waage. Es war nicht länger eine Aufgabe des Kartendecks, sondern ein Wunsch, den er für sich selbst entdeckte.

In nur einem Schluck leerte er die Kaffeetasse. Barbara nahm sie ihm ab und trat beiseite. Wie eine Lehrerin stand sie mit zufriedenem Ausdruck in den Augen hinter ihrem Schüler.

»Weil wir nicht so viel Zeit haben, um das Werk wochenlang zu bearbeiten, würde ich dir zu Acryl raten. Öl wird schöner, aber es braucht ewig, um zu trocknen«, sagte sie und deutete auf die oberste Palette an Farben.

Stephan nickte eifrig. Nach einigen Sekunden griff er nach Weiß und Blau. In seinen Gedanken formte sich eine ungefähre Ahnung dessen, was er auf der Leinwand sehen wollte. Es sollte ein Himmel werden, der nach oben hin dunkler wurde. Darunter seine Hand, auf der er immer noch Reste der Rinde spürte. Daraus sollte ein Baum wachsen, dessen Äste sich im Universum verliefen.

Einen Pinselstrich nach dem anderen setzte er auf den blanken, straff gespannten Stoff. Barbara sah ihm über die Schulter und gab Tipps, was Technik und Material anbelangte. Aus allem anderen hielt sie sich heraus, so sehr Stephan auch versuchte, ihr eine Meinung zu entlocken. Sie würde ihm am Ende mitteilen, wie das Bild auf sie wirke, meinte sie nur. Eine Bewertung würde sie nicht geben.

Sie ließ ihn allein, kehrte aber immer wieder zurück, um seinen Fortschritt zu überprüfen. Dabei sagte sie kein Wort.

Stephan mischte, malte, korrigierte und verbesserte. Er setzte feine Linien mit schmalen Pinseln und grobe Farbverläufe mit breiten Borsten. Etwa auf halben Weg stellte er fest, dass sein ursprünglicher Plan daran scheiterte, dass er keine Hand malen konnte. Also wurde der hautfarbene Teil am unteren Ende zu den Wurzeln des Baumes. Damit verlieh er dem Bild unbewusst eine Surrealität, die Barbara als sehr fortgeschritten und kreativ bezeichnete. Die Techniken mit einem Spachtel, die Barbara ihm gezeigt hatte, nutzte er für Teile der Äste und Blätter, was auf dem Bild für Struktur sorgte. Für die Tiefe setzte er Schattierungen.

Schon nach kurzer Zeit war jede Unsicherheit vergessen. Stephan war im Moment. Es war ihm egal, ob ihm das Bild am Ende gefallen würde. Die Freude, die er am Prozess selbst entwickelte, ließ ihn hoffen, er würde es niemals fertigstellen. Kein Strich, den er setzte, musste endgültig sein. Er würde so lange weitermalen, bis es ihm gefiel. Er wäre selbst schuld, wenn er an einem Punkt aufhörte, an dem er mit dem Werk unzufrieden war.

Das Universum, zu dem der Baum wurde, war keine schwarze Leere. Stephan interessierte sich für Science-Fiction und Astronomie. Wie Daniela richtig zitiert hatte: »Tu es, oder tu es nicht. Es gibt kein Versuchen.« Er malte planetarische Nebel, setzte kleine Punkte, von denen nur er wusste, wie gewaltig der Stern und die um ihn herum gestreuten Welten in der Ferne waren. Während des Malens wurde die Szene des Baums unwichtiger und der Hintergrund war das, was Stephan begeisterte.

Vier Stunden arbeitete er an dem Bild. Vier Stunden, in denen er vergaß, nicht in seinem eigenen Zuhause zu sein. Vier Stunden, in denen er nicht ein einziges Mal auf die Uhr schaute. Und dann war es vollbracht. Stephan taumelte einen Schritt zurück, wischte sich mit dem Handrücken über eine juckende Stelle an der Wange und betrachtete, was er erschaffen hatte.

ERIK UND DER TATENDRANG

Die Neugier hatte Erik einige Male vor die Tür des Malzimmers seiner Frau geführt, aber immer wieder hatte sie ihn davon abgehalten, hineinzugehen. Noch nicht einmal die kleine Elena konnte er als Vorwand einsetzen. Barbara war gnadenlos. Wenn sie das Zimmer verließ oder betrat, achtete sie sorgfältig darauf, dass Erik keinen Blick auf das entstehende Bild erhaschte.

»Lass es ihn versuchen, ohne beeinflusst zu werden«, hatte sie mit ihrer milden Mutterstimme gesagt und ihrem Mann dabei die Wange getätschelt.

Erik äffte sie halb ernst gemeint nach, gab sich aber geschlagen. Dabei wollte er Stephan doch gar nicht beeinflussen, aber diesem Wort maß Barbara mehr Bedeutung zu als er. Erst nach vier langen Stunden wurde das geheimnisvolle Atelier für Besucher geöffnet.

Erik wusste nicht, was er erwartet hatte, aber es überraschte ihn auf eine Art, die er nicht hätte formulieren können. Mit Elena auf dem Arm betrat er das Zimmer und sah kurz zu Stephan, der strahlend neben der mittelgroßen Leinwand stand, dann ließ er das Gemalte auf sich wirken.

Die dunklen Blautöne erinnerten einerseits an einen Nachthimmel, andererseits stellten sie einen Baum dar. Es war surrealistisch und bei Weitem nicht perfekt. Nicht mal ansatzweise. Erik hob unbewusst die Brauen und Barbara mahnte ihn mit einem strengen Blick zu einem nachsichtigen Urteil. Der Künstler, der ihn immer noch an einen stoischen Wikinger erinnerte – nur diesmal mit Farbe im Gesicht und einem Grinsen, das Erik ihm gar nicht zugetraut hätte – stand mit stolzgeschwellter Brust neben seinem Werk.

»Wow«, setzte Erik an und trat etwas näher. »Also das ist wirklich ...«

»Es ist so schlecht, ich liebe es.« Stephan stieß ein tiefes, herzliches Lachen aus.

Elena erschrak und drückte ihr Gesicht in die Schulter ihres Vaters. Erik lachte ebenfalls, beteuerte aber, dass das Wort, nachdem er gesucht hatte, »interessant« war. Barbara schüttelte schmunzelnd den Kopf, nahm Erik das Mädchen ab und ließ die beiden lachenden Männer allein zurück.

Stephan versuchte noch ein wenig, sich zu erklären, aber die Ernsthaftigkeit hinter seinem Kunstwerk war unwiderruflich dahin. Erik war so frei, den Künstler und sein Gemälde für die

WhatsApp-Gruppe abzulichten, und dann wurde vor der Garage mit zwei Flaschen Bier auf die erledigte Aufgabe angestoßen.

Es war kühl geworden und die Sonne hinter den Dächern der Nachbarhäuser verschwunden, was die Einfahrt in ein behagliches Zwielicht tauchte. Das Gespräch schlug in ein paar Richtungen aus, landete aber nach dem Verbrauch des großen SUVs und Förderungen für Fotovoltaik wieder bei den Aufgaben des Spiels. Stephan war der Erste, der ein Häkchen unter seine machen durfte.

»Ich dachte, dass ich es sein würde«, gestand Erik. Mithilfe eines Feuerzeuges öffnete er seine zweite Flasche. »Ich wär am liebsten sofort losspaziert.«

»Das verstehe ich«, antwortete Stephan. »Ich muss Aufgaben immer sofort erledigen. Hätte ich die Karte nicht fast vergessen, hätte ich sicher gleich am nächsten Tag angerufen.«

»Stark«, sagte Erik bewundernd und ein klein wenig neidisch. »Es ist nur ein Spaziergang und trotzdem hab ich es noch nicht auf die Reihe bekommen. Ich schieb es dauernd vor mir her, weil immer etwas anderes wichtiger ist.«

Der Wikinger mit Farbe im Gesicht brummte zustimmend. Er wirkte viel älter und reifer, obwohl die beiden Männer im gleichen Alter waren. »Wer entscheidet denn, was wichtiger ist?«, fragte er.

Erik musterte ihn, um zu sehen, ob die Frage ernst gemeint war. Dann antwortete er entschieden: »Na ich.«

»Rein theoretisch könntest du jetzt sofort losgehen. Du brauchst dir nur eine Richtung auszusuchen«, sagte Stephan.

»Dann müsste ich durch gefühlt 20 Häuser und eine Lagerhalle laufen.« Beide lachten und tranken aus ihren Bierflaschen. »Ich weiß aber schon genau, wo ich langgehen möchte.«

Stephan hob fragend eine Braue.

»Es gibt ein Waldstück gar nicht weit von hier. Es sind fast nur Laubbäume und der Boden ist voller Felsen. So Granit und Wackelsteine, verstehst du?« Erik gestikulierte ein wenig und fügte hinzu: »Da könnte ich richtig herumklettern, um exakt geradeaus zu wandern. Es gibt dort keine Gräben oder größere Hürden, aber dafür ein paar Bäche, über die man super springen kann.«

»So was hab ich als Kind gern gemacht«, meinte Stephan. Er schmunzelte über die Erinnerung.

»Ja, ich auch. Deshalb will ich es auch dort machen. Aber dazu würde ich mir am liebsten einen ganzen Tag nehmen. Den hab ich selten.«

»Aber Barbara kommt mir sehr entspannt vor.«

»An ihr liegt's auch nicht.«

»Woran dann?«, wollte Stephan wissen.

Wenn Erik nun über den Grund nachdachte, kam er ihm schon albern vor, ehe er ihn überhaupt ausgesprochen hatte. »Keine Ahnung«, antwortete er bloß.

Ein paar Augenblicke vergingen, in denen keiner von beiden etwas sagte. Sie starrten vor sich auf den Asphalt und nahmen noch einen Schluck. Für Stephan war es der Letzte und er stellte die Flasche beiseite. Auf die Frage nach einem Zweiten verneinte er mit dem Argument, noch fahren zu müssen.

»Du machst eine Ausbildung, oder?«

Erik nickte. Er zog im Geiste eine Parallele zwischen seiner Luftlinienwanderung und der Entscheidung, in einen anderen Beruf zu wechseln. Der Gedanke hatte ihn damals in ähnlich helle Aufregung versetzt. Er hatte es gar nicht erwarten können, endlich zu starten. Endlich etwas zu ändern. Sich für etwas Neues zu begeistern. Bis es eingetroffen war. Die ersten Wochen waren schnell vergangen und mit ihnen war die Erkenntnis gekommen, dass er sich womöglich übernommen hatte. Zweifel, ob es der richtige Schritt war.

Sicher, seine Arbeit als Koch war längst keine Erfüllung mehr und er sah vor sich keine Chance, sich weiterzuentwickeln. Er war Sousshef und weiter würde er auch nicht kommen. Wollte er auch gar nicht. Aber er war ein guter Koch. Verdammt gut. Und nun fragte er sich, ob er, wenn er einen neuen Berufsweg eingeschlagen hatte, die Entscheidung vielleicht bereuen würde. Was, wenn er den falschen Beruf wählte? Was passierte, wenn seine Erwartungen zu hoch waren?

»Ich finde das bewundernswert«, sagte Stephan.

Überrascht hob Erik den Kopf. An dieses Wort hatte er im Zusammenhang mit seiner Entscheidung nie gedacht.

»Ich würde mich das nie trauen.«

»Ach komm«, warf Erik ungläubig ein. Dieser Satz aus dem Mund eines Mannes, der sich vom Pummelchen zu einem Wikinger entwickelt hatte, konnte nur gelogen sein, aber Stephan lachte.

»Seit ich mich erinnern kann«, fing er an, »gehe ich auf Nummer sicher. Schon als kleiner Junge habe ich einfach getan, was mir gesagt wurde, weil es der sicherste Weg war, ein einfaches Leben zu führen.« Stephan hob seine Hände ins Licht der Garage. Abgesehen von ein wenig eingetrockneter Farbe war nichts an ihnen auszusetzen. Er fuhr fort: »Siehst du? So sieht der Weg des geringsten Widerstands aus.«

Erik sah auf seine Hände. Sie waren voller Narben. Einige Schnittwunden, Verbrennungen, Hornhaut. An der Spitze seines linken Daumens fehlte sogar ein Stück. Die Jahre in der Küche waren an seinen Händen abzulesen wie die Jahre an den Ringen eines Baumes. Zu einem Draufgänger machte ihn das aber noch lange nicht. Zu einem Tollpatsch bestenfalls.

»Ich erledige keine Arbeiten ohne Schutzausrüstung. Bei einem Streit gebe ich immer nach, oder gehe erst gar nicht darauf ein. Meine Mutter hat mir immer eingetrichtert, dass man fertigmachen soll, was man angefangen hat. Ich würde niemals den Job wechseln, selbst, wenn ich unglücklich wäre.«

»Ich glaube, als glücklicher Mensch sagt sich das leicht.«

»Kann sein«, meinte Stephan und zuckte mit den breiten Schultern. »Auf jeden Fall war dieses Bild heute zu malen etwas, was ich sonst niemals gemacht hätte. Und das hat sich verdammt gut angefühlt, um ehrlich zu sein.«

Erik lachte und Stephan klopfte ihm freundschaftlich auf den Rücken, ehe er sich erhob und ein wenig streckte. Erik bedauerte, sich in den vier Jahren gemeinsamer Schulzeit nicht die Mühe gemacht zu haben, ihn besser kennenzulernen.

»Mach deine Wanderung, Mann. Ohne Ausrede.«

Daraufhin verabschiedeten sie sich. Stephan gab Erik einen besonderen Gruß an Barbara mit, die gerade Elena zu Bett brachte, und stieg in seinen SUV. Die Scheinwerfer blendeten Erik einen Moment, bis das Auto aus der Einfahrt gerollt war und er sich allein im Halbdunkel befand. Er zog sein Handy aus der Hosentasche und besah das Bild in der WhatsApp-Gruppe, das Stephan und sein Meisterwerk zeigte. Der Wikinger neben dem Bild, das nicht mal in der Grundschule einen Blumentopf gewonnen hätte. Aber er hatte recht. Er sah glücklich aus.

Zufrieden.

In Gedanken sprang das Wort wie ein Pingpongball durch seinen Kopf. Darum sollte es gehen. Keine Ausreden mehr. Vielleicht befand sich auch er auf dem Weg des geringsten Widerstandes.

Ohne es zu bemerken, hatte Erik die Fäuste geballt. Eine unbeschreibliche Entschlossenheit fasste ihn.

Mit der neugewonnenen Energie stürmte er in das Haus, vorbei an dem Malzimmer, in dem das Bild zum Trocknen eine Weile bleiben würde. Elena plapperte noch vor sich hin, weshalb er ruhigen Gewissens in das Zimmer platzte.

»Ich mach es!«, sagte er, als erwarte er, Barbara hätte die Unterhaltung vor der Garage in Gedanken mitverfolgt.

Sie hing in unbequemer Position über dem Gitterbett, ihre großen blauen Augen verwirrt auf ihn gerichtet. Dann hob sie die Brauen.

»Die Wanderung. Morgen früh. Ich mach's.«

»Okay«, flüsterte Barbara. Sie schüttelte lächelnd den Kopf und bedeutete ihrem Mann, er solle die Tür wieder schließen.

Als wollte das Schicksal seine Entschlossenheit testen, schüttete es am nächsten Morgen wie aus Eimern. Nebelschwaden verbargen alles, was sich weiter als zwei Meter vor den Fenstern erstreckte. Barbara reichte Erik eine Tasse Kaffee und stellte sich an seine Seite. Er starrte grimmig, aber entschlossen hinaus in die Kälte.

»Bist du dir denn sicher?«, fragte sie und strich über Eriks Oberarm.

Er hatte einen Norwegerpullover angezogen, das Einzige im Ansatz Wikingerhafte, das sie im Haus hatten. Stephan hatte ihn nachhaltig beeindruckt und der Pullover stand für ihn nun für unerschütterliche Willenskraft. Von der er in diesem Moment nicht sehr viel merkte.

»Ich glaube, wenn ich es heute nicht mache, werde ich es niemals tun.«

»Das ist ein bisschen dramatisch, findest du nicht?« Barbara schmunzelte.

Erik hingegen blies die eingesogene Luft durch seine schmalen Lippen. Er würde es tun. Keine Ausreden. »Meine Kindergärtnerin hat immer gesagt: Es gibt kein schlechtes Wetter, nur schlechte Kleidung«, sagte er ernst.

Barbara lachte. »Na wie gut, dass du jede Menge Funktionskleidung hast. Vom Neoprenanzug bis hin zur Recco-Lawinenschutzjacke.«

»Du machst dich über mich lustig.« Erik trat trotzig von ihr zurück. Er ging vor Elena in die Hocke und kniff das spielende Mädchen in die rosige Wange. Sie quietschte vergnügt.

Barbara entschuldigte sich und bot an, den Regenponcho aus dem Schrank zu holen. Er war knallrot. »Damit hält dich auch kein Jäger für Wild«, scherzte sie.

Erik bemühte sich, nicht zu grinsen, aber es misslang ihm. Er schüttelte den Kopf und leerte seine Tasse. Es war Zeit aufzubrechen.

Er verabschiedete sich von seiner Tochter, als würde er zu einer mehrwöchigen Wanderung nach Mordor aufbrechen und warf Barbara ein schlichtes »Mach's gut« vom Vorzimmer aus zu. Sie kicherte. Ihre beiden Blicke trafen sich und Erik formte tonlos die Worte »Ich liebe dich«, was sie auf dieselbe Art und Weise erwiderte.

Der alte Ford Mondeo brachte ihn direkt an die Stelle, die er im Geiste so oft vor sich gesehen hatte. Der Regen hatte etwas nachgelassen. Zumindest hatte es unter den Bäumen den Anschein. Erik stieg aus und sog die kalte, feuchte Luft in die Lunge.

Die Bäume, die in verschiedenen Nuancen von Rot, Orange und Gelb die Kulisse füllten, zeigten an, dass der Herbst in vollem Gange war. Die Blätter hingen schwer an den Zweigen. Wie Trommelschläge klangen die schweren Tropfen auf dem Blätterdach. Als würde der Wald atmen.

Das durchnässte Laub unter Eriks Füßen raschelte mit jedem Schritt. Vor ihm ragten die vereinzelten Granitfelsen aus dem

Boden heraus, die den Wald mit ihrer rauen und kantigen Schönheit bereicherten. Moos und Flechten bedeckten die Felsen in willkürlichen Mustern, was sie noch mystischer und geheimnisvoller machte.

Das Wasser sammelte sich in kleinen Pfützen auf den flachen Felsen und reflektierte das diffuse Tageslicht. Die Bäume verloren sich wie Schatten in der nebligen Distanz und erzeugten ein Gebilde aus Einsamkeit und Schönheit. Trotz des schlechten Wetters hatte der Wald seinen eigenen Charme und zog Erik vom ersten Augenblick in seinen Bann. Hier würde er seine Gedanken ordnen und mit jedem Schritt den er tiefer in den Wald setzte, würde er sich von seinen Zweifeln entfernen wie von seinem Auto.

Eine Richtung. Keine Kompromisse.

Über die ersten Steine sprang er mühelos hinweg. Rotkäppchen, dröhnte es in seinem Kopf. Er grinste.

Erik wanderte an Kastanien, Eichen und Buchen vorbei. Als er eine Ulme sah, lachte er leise auf, denn er dachte an Stephans Gemälde. Er hatte gesehen, wie er und seine Frau in den Garten gegangen waren, bevor Stephan den Pinsel geschwungen hatte.

Er war dem Wikinger dankbar, denn ohne seinen gestrigen Besuch würde er jetzt nicht durch den Regen laufen und es auf abenteuerlustige Weise genießen. Der Himmel schien über dem Boden zu hängen und das Grau des Nebels reflektierte sich auf den verfärbten Blättern der Bäume. An diesem typischen Herbsttag stellte Erik nun sein Leben in Frage und suchte nach Antworten, die ihm in diesem einsamen Waldstück vielleicht offenbart würden. Erik war schon immer ein Mann gewesen, der sich selten sicher war, ob er die richtigen Entscheidungen in seinem Leben getroffen hatte.

Die Blätter rutschten unter seinen Schuhen, während er versuchte, seinen geraden Weg durch den Wald zu beschreiten. Die Regentropfen trafen sein Gesicht, aber er achtete nicht darauf. Er war zu sehr damit beschäftigt, seine Lebensentscheidungen zu überdenken und sich zu fragen, ob er im Leben einen ähnlich geraden Pfad schritt.

Für gewöhnlich scheute er sich nicht vor neuen Herausforderungen. Ganz im Gegenteil. Die Suche nach etwas Neuem, etwas Aufregendem. Der Treibstoff auf seinem Weg ins Erwachsenenalter. Doch das hatte er nun erreicht.

Er hatte eine gute Karriere für seine Branche hingelegt und eine Familie, die ihn liebte. Aber sein restliches Leben als Koch zu verbringen? Es gab ohnehin nur noch eine Position zu erreichen und Arbeitszeiten und Verdienst waren für einen Familienvater einfach nicht gut genug. Die Reifeprüfung würde ihn nicht weiter als zur womöglich wichtigsten Entscheidung seines Lebens bringen. Der Abschluss rückte näher und näher. Nicht mehr lange und er würde einen Beruf wählen müssen.

Er erkletterte einen größeren Felsen und während seine Handflächen über die nassen, brüchigen Flechten rieben, fragte er sich, ob seine Sprunghaftigkeit nur eine Flucht vor Verantwortung war. An Interesse hatte es ihm niemals gemangelt, wohl aber an Durchhaltevermögen. Er fragte sich, ob er das Leben lebte, das er sich immer gewünscht hatte, oder jagte er rastlos wirren Träumen hinterher, um in Wahrheit etwas ganz anderem zu entkommen?

Er lächelte, als er sich daran erinnerte, wie er sich in der Vergangenheit oft von äußeren Umständen und anderen Menschen beeinflussen ließ. Oft reichte ein Kollege, der voller Begeisterung von einer Wanderung erzählte, und zwei Tage später landeten Sicherungsgurt und Zelt in Eriks Warenkorb. Jemand berichtete von den Vorzügen einer ehemaligen Arbeitsstätte und kurz darauf schickte Erik seinen Lebenslauf. Für neue Rezepte, Arbeitsbeziehungen und Hobbys war diese Art Energie von Vorteil. Aber jetzt erkannte er, dass er selbst entscheiden konnte, wie er auf die Dinge reagierte, die ihm im Leben begegneten. Nicht jeder Impuls musste in eine persönliche Challenge verwandelt werden. Nicht jeder Weg musste bestritten werden. Nicht jeder Gedanke musste zu einer Idee werden.

Mit einem kräftigen Zug hievte er seinen Oberkörper auf den Felsen, der ihm den Weg versperrte. Seine Arme zitterten unter der Last und schnell schwang er seine Beine nach oben. Für ein paar Sekunden blieb er auf dem harten Untergrund liegen und genoss das Erfolgsgefühl, das ihn durchströmte.

Die Tropfen nieselten auf sein Gesicht. Er schloss die Augen und entschied sich, sein Leben bewusster zu leben und sich auf die Dinge zu konzentrieren, die ihm Freude bereiteten. Er würde nicht mehr zulassen, dass negative Gedanken und Ereignisse ihn runterzogen. Stattdessen würde er jeden Tag das Beste aus jeder Situation machen und sich Stück für Stück auf seinen Weg konzentrieren. Erst einmal die Reifeprüfung abschließen. Niemand verlangte, dass er unmittelbar vom Abendkurs ins Studium sprang. Im Hotel war man froh über jede Woche, die er noch arbeitete. Und ein Schritt zurück bedeutete nicht zwingend, dass man auf den Schritt nach vorne verzichtet. Man setzt ihn nur bedachter. Wie beim Klettern. Sich neu positionieren und absichern.

Etwas übermütig sprang er auf der anderen Seite des Felsen hinunter und seine Sprunggelenke vergolten den Leichtsinn mit einem kurzen, stechenden Schmerz.

Erik kletterte über immer höhere Felsen, sein Atem wurde schwerer und sein Herz begann schneller zu schlagen, während die Kälte langsam durch seine nassen Klamotten drang. Jeder Schritt war eine Herausforderung. Er sah auf seine Hände, denen die Hitze in der Küche kaum noch etwas anhaben konnte, aber hier in der Kälte zitterten sie.

Er kämpfte sich weiter über das steiler werdende Gelände. Sein Verstand und sein Körper waren auf das Hier und Jetzt fokussiert. Mit jedem Schritt, den er machte, wuchs seine Entschlossenheit. Er konzentrierte sich auf seinen Atem und seinen Körper und fand die Kraft, weiterzugehen. Das Prasseln des Regens erinnerte ihn an das brutzelnde Fett in einer Pfanne. Ein Geräusch, das ihm so vertraut in den Ohren klang.

Erik stand vor dem bisher größten Felsen und atmete tief ein. Adrenalin strömte durch seine Adern und sein Herz schlug schneller. Der Fels war hoch und steil, aber Erik war entschlossen, ihn zu besteigen. Er begann zu klettern. Ein scharfer Schmerz in seinem Finger warf ihn einen Schritt zurück. Sein vor

Schreck etwas zu lauter Aufschrei hallte durch den Wald. Er hatte sich den Fingernagel an einer scharfen Kante eingerissen. Der Schmerz war erträglich, aber ein wenig Blut verteilte sich rund um das Nagelbett. Er biss die Zähne zusammen und kämpfte sich weiter nach oben.

Als er sich endlich auf den oberen Rand des Felsens zog, atmete er tief durch. Der Nebel hatte sich etwas gelichtet. Das Triumphgefühl drängte das schmerzhafte Pochen in seinem Finger in den Hintergrund. Er hatte sich auf dem Weg hierher verletzt, doch Hindernisse gehörten nun einmal dazu. Und er wusste, dass er diese überwinden konnte. Der Fels, der zuvor für Selbstzweifel und Schwierigkeiten gestanden hatte, konnte zu dem Fels in der Brandung werden – wenn er das nur zuließ.

Und so stand Erik auf der Spitze des Felsens und ließ den Blick über die Landschaft schweifen. Er wusste, dass er bereit war für alles, was das Leben ihm bringen würde. Und manchmal war es eben die Erkenntnis, auf einem bestimmten Weg nicht weiterzukommen. Doch es war nicht der Blick nach vorn, der ihm ein Hochgefühl verschaffte, sondern der Blick zurück. Hinter ihm lag ein kleines Abenteuer, auch wenn es an dieser Stelle zu Ende war. Das Gelände hatte ihn in die Knie gezwungen. Er hatte das Ende seiner Luftlinienwanderung erreicht. Ging er weiter, würde er sich verletzen. Er war noch niemals zuvor derart tief in diesem Waldstück gewesen. Er kannte diese Felsen nicht. Wusste nicht, was hinter ihnen lag. Aber das machte nichts, denn er hatte nicht das Bedürfnis, es herauszufinden. Ein wenig Stolz, soweit gekommen zu sein, gestand er sich ein. Der Stein, auf dem er saß, war der größte, den er jemals ohne Ausrüstung erklommen hatte. Das Pochen in seinem Finger erinnerte ihn daran.

Er verweilte lange an diesem Platz, an dem er sich ausruhen und seine Kräfte sammeln konnte. Es hatte aufgehört zu regnen, und der Himmel klärte sich auf. Vereinzelt brach ein strahlendes Blau durch die dichte Wolkendecke. Kälte und Regen hatten ihn nicht gebrochen, mochten seine Kleider auch durchtränkt sein. Er hatte es geschafft.

Ein breites Grinsen im Gesicht schoss er ein Selfie, das ihn auf der Spitze des Felsens zeigte, und als er es in die Gruppe stellte, durchströmte ihn ein Gefühl, als könnte er Berge versetzen. Der Rückweg würde lang sein, doch das kümmerte ihn nicht. Es war darum gegangen, dass er überhaupt diesen Schritt wagt, diese Wanderung unternimmt – und das hatte er geschafft.

Daniela und das Los einer glücklichen Familie

Ich bin ein sehr zufriedener Mensch und ich brauche nicht viel, um glücklich zu sein. Eigentlich nur meine Familie und meinen Garten. Die Karte, die ich bekommen habe, verlangt, dass ich mir ein neues Hobby suche. Ich denke, das schaffe ich. Bisher habe ich ja nur eines: Gärtnern. Ich beginne gerne schon im Februar damit, aus Samen Setzlinge zu ziehen. Obst und Gemüse aus dem eigenen Garten zu verkochen ist mir immer eine ganz besondere Freude. Vormittags arbeite ich in einer Zahnarztpraxis als Sprechstundenhilfe. Ginge es nach meinem Mann, müsste ich gar nicht arbeiten, aber das kommt mir nicht richtig vor. Schon gar nicht, wenn ich sehe, wie sehr er sich anstrengt, genug Geld für Haus und Urlaub zu verdienen. Sein Eifer rührt vor allem daher, unseren Familien zu beweisen, dass er nicht mehr der Tunichtgut ist, der er in seiner Jugend war.

Als ich Erkan das erste Mal sah, damals am ersten Schultag in der weiterführenden Schule, dachte ich mir: »Warum muss ich ausgerechnet neben diesem Trottel sitzen, der nichts ernst nehmen kann?«, aber schon am Ende dieses Vormittags hatte ich seinetwegen Tränen gelacht.

Beide waren wir nur dort, um unser letztes Schuljahr irgendwie hinter uns zu bringen. Am Ende verließen wir die Schule als Paar und sind seither zusammen. Wir haben Jahre später geheiratet und ich wurde schwanger. Wir wünschten uns eine große Familie. Am liebsten fünf Kinder. Aber es gab Komplikationen bei der Geburt unseres Sohnes. Die Ärzte waren gezwungen, die Gebärmutter zu entfernen. Aus so einer niederschmetternden Lage kann man nur auf zwei Arten hervorgehen. Zerbrochen oder gestärkt. Ich hatte mein Leben an jenem Tag beinahe verloren. Für mich ein Grund mehr, zu lachen. Jeden Tag. Und obwohl meinem wundervollen Erkan lange Zeit nicht der Sinn nach Unfug stand, erholte auch er sich von dem Trauma. Wir hielten unser Wunder in den Händen und waren all unseren dunklen Prophezeiungen, die nicht nur von meiner Seite der Familie ausgesprochen worden waren, zusammen. Junge Liebe kann wahr sein. Sie mag vielleicht überstürzt sein, ungehalten und oft zum Scheitern verurteilt, aber sie kann auch halten.

Daniela hatte das Abendessen heute gemeinsam mit Timo vorbereitet. Er hatte das Gemüse geschnitten und den Salat fast allein mariniert. Nun saßen sie zusammen am Esstisch, führten die üblichen Gespräche, auf die Timo mit den üblichen, knappen Worten antwortete. Erkans Platz war gedeckt, würde aber leer bleiben. Es war keine Seltenheit, dass er erst nach Hause kam, wenn Timo schon schlief.

Nicht das Auto in der Einfahrt, sondern die schnellen Schritte vor der Tür erregten plötzlich ihre Aufmerksamkeit. Daniela und Timo wandten sich um. Erkan kam mit einem breiten Grinsen im Gesicht herein, schleuderte seine Aktentasche durch den Raum und trat mit großen Schritten an den Esstisch. Er zog Daniela hoch und umarmte sie.

»Meine Liebe, ich habe endlich die Beförderung bekommen, auf die ich so lange gewartet habe!« Aufgeregt drückte er seiner Frau viele Küsse auf Mund und Wange.

Daniela traute ihren Ohren kaum. Sie hatte Erkan so oft darüber sprechen hören, wie sehr er sich eine Beförderung wünschte, und jahrelang mitangesehen, wie hart er dafür gearbeitet hatte. Endlich war es so weit. Sie erwiderte die Umarmung.

»Das ist wunderbar, Schatz! Wir sind so stolz auf dich!«, sagte sie und strahlte vor Freude.

Timo saß stumm da und starrte auf seinen Teller. Er hatte keine Lust auf das Abendessen und war schlecht gelaunt, wie so oft in letzter Zeit. Er fand es unfair, dass sein Vater immer so viel Zeit bei der Arbeit verbrachte, und er war mit seinen zwölf Jahren alt genug, um zu wissen, dass eine Beförderung mehr Arbeit und nicht weniger bedeutete.

Erkan ließ von seiner Frau ab. Er bemerkte, dass etwas nicht stimmte. »Hey, Sportsfreund. Freust du dich denn gar nicht für deinen alten Herrn?«

»Doch«, antwortete Timo und schob seinen Teller weg. Das dunkelbraune, zerzauste Haar versteckte seine tiefbraunen Augen, die, wenn er gut gelaunt war, voller Neugier aus dem mit Sommersprossen übersäten Gesicht leuchteten. Er war nicht sehr groß für sein Alter, aber schnell und geschickt. Wenn man ihn jetzt mit dieser niedergeschlagenen Miene sah, hätte man meinen können, er hätte keinen einzigen Schritt selbstständig zustande gebracht.

Erkan setzte sich an den Tisch. Er strahlte immer noch, trug aber in den fast schwarzen Augen jede Menge Mitgefühl für seinen Sohn. »Ich weiß, dass ich in letzter Zeit viel gearbeitet habe, aber das war alles für euch. Für uns.« Er legte Timo seine Hand auf die Schulter.

Dieser sah seinen Vater an und seufzte. »Ich weiß, Papa. Aber manchmal wünschte ich mir einfach, du wärst öfter da.«

Erkan nickte verständnisvoll. »Am Anfang wird es schwierig werden, aber wenn sich erst einmal alles eingestellt hat, werde ich versuchen, öfter Zeit für euch zu haben. Versprochen«, sagte er und lächelte Timo an.

Die Liebe zwischen Vater und Sohn war fast greifbar. Sie waren eine glückliche Familie, trotz aller Herausforderungen. Daniela nahm Erkan und Timo in den Arm und genoss den Moment.

Später gab es zur Feier des Tages Eiscreme für Timo und eine Flasche Frizzante für Daniela und Erkan, die sie sich erst gönnten, als Timo im Bett war. Erkan war voller Eifer für die neue Position. Seit Jahren hatte er auf diesen Moment hingearbeitet und war ohne Förderer, Gönner oder Unterstützer an die Spitze seiner Möglichkeiten gelangt. Ein Tunichtgut in der Schule, der es zum Projektmanager eines internationalen Unternehmens geschafft hatte.

Daniela war unbeschreiblich stolz auf ihren Mann. Sie erinnerte sich noch allzu gut an die endlosen Nächte, in denen er erst den Abendkurs für die Reifeprüfung besucht und danach noch gelernt hatte, früh morgens aber pünktlich zur Arbeit erschienen war. Erkan erklärte ihr, dass es vor allem in den ersten Monaten viele Geschäftsreisen geben würde, bis er mit allen Standorten und Mitarbeitern der einzelnen Projekte vertraut war. Mit dem zusätzlichen Einkommen würden sie sich endlich die lang gehegten Träume finanzieren können. Erkan prophezeite den langersehnten Swimmingpool, ein Gewächshaus wie das im Garten von Danielas Mutter und ein neues Garagentor.

So verlockend all das klang und so sehr sich Daniela für ihren Mann freute, so stark wuchs in ihr auch die Sorge. Seit Wochen hatte sie das Gefühl, dass sie und ihr Sohn Timo sich immer weiter voneinander entfernten. Er verbrachte die meiste Zeit in seinem Zimmer, spielte Computerspiele und chattete online mit seinen Freunden. Daniela war sich bewusst, dass das ein normaler Prozess der Pubertät war, aber sie konnte die daraus entstehende Unruhe nicht verhindern. Sie vermisste die Zeiten, in denen sie zu dritt Zeit verbracht hatten, mit dem Gefühl sich wirklich nahezustehen. Aber diese Gefühle sprach Daniela nicht an. Sie wollte ihrem Mann seinen großen Moment nicht verderben.

»Wenn ich die Beförderung nur ein wenig früher bekommen hätte, hätte ich es meinem Vater beim letzten Besuch unter die Nase reiben können«, scherzte Erkan. Er strich sich das Haar zurück und lockerte die Krawatte. Man sah regelrecht, wie die Energie durch seinen Körper jagte.

»Vielleicht solltest du ihn anrufen«, sagte Daniela.

Erkan klatschte in die Hände. »Du hast recht! Das mache ich!«

Und mit diesen Worten stand er auf und verschwand in seinem Büro.

Die sich einstellende Ruhe nutzte Daniela, um noch einmal in sich zu gehen und die kommenden Zeiten abzuwägen. Sie konnte nicht kontrollieren, dass ihr Sohn älter wurde und seine Interessen änderte, aber sie konnte sich darauf konzentrieren, was sie tun konnte, um ihre Beziehung zu ihm zu verbessern.

Sie erkannte, dass sie und Timo beide daran arbeiten mussten, die Lücke zwischen ihnen zu schließen. Vielleicht könnten sie gemeinsam die Ideen erforschen und anwenden, um ihre Beziehung zu stärken.

Wie von Erkan vorhergesagt brachen einsame Wochen für die Familie an. Daniela saß auf der Couch und starrte aus dem Fenster. Der Himmel war grau und die Bäume hatten ihre Blätter verloren. Düster war der Herbst angebrochen. Diese trübe Atmosphäre spiegelte genau das wider, was Daniela in ihrem Inneren fühlte. Es war nicht nur die Tatsache, dass Erkan oft weg war, sondern auch die Art und Weise, wie Timo darauf reagierte. Ihr Sohn hatte in letzter Zeit Schwierigkeiten gehabt, sich von seinem Vater zu verabschieden, und zog sich oft traurig zurück.

Nach einem Telefonat mit ihrer Mutter fasste Daniela den Entschluss, aktiv zu werden. Seit zwei Stunden hatte sich Timo in seinem Zimmer verbarrikadiert. Es musste etwas geben, was sie beide aufheitern konnte, wenn Erkan – dem die Aufgabe des Spaßvogels zufiel – auf Reise war.

Daniela öffnete langsam die Tür zu Timos Zimmer und trat ein. Ihr Sohn saß auf dem Bett und starrte auf seinen Laptop. Timos Star Wars-Leidenschaft zeigte sich nicht nur an den Postern, wie sie viele Kinder und auch Erwachsene besaßen, sondern auch an den Zitaten, die mit gelber Farbe neben die Poster geschrieben worden waren. In den Regalen standen Raumschiff-Modelle, sein Bett war in den Farben des Imperiums bezogen und Lichtschwerter lagen auf dem Boden verteilt. Überall dazwischen fand man CDs seiner Lieblingsrapper und ausgedruckte Texte, die er selbst geschrieben hatte. Man könnte es kreatives Chaos nennen.

Daniela sah, dass er mürrisch war und sich abweisend verhielt, aber sie konnte nicht einfach weggehen. Sie setzte sich zu ihm. »Hey, Timo«, sagte sie und setzte ein Lächeln auf. »Wie geht's meinem Lieblingssohn?«

Timo drehte den Kopf zu ihr und sah sie an, bevor er zurück auf den Bildschirm schaute. »Gut«, murmelte er knapp.

»Möchtest du etwas unternehmen? Vielleicht eine Runde Fußball spielen oder ein Eis essen gehen?«, fragte Daniela.

»Es ist viel zu kalt«, erwiderte Timo.

Daniela seufzte. »Wie wäre es, wenn ich dir etwas Witziges erzähle?«, fragte sie in der Hoffnung, ihn zum Lachen zu bringen. Er hatte ein so schönes Lachen.

Timo sah sie skeptisch an und zog die Augenbrauen zusammen.

»Also, weißt du, warum Skelette schlecht Lügen erzählen können?« Sie grinste breit.

Timo schüttelte den Kopf.

»Weil man sie so leicht durchschauen kann!«

Er verzog das Gesicht und schüttelte den Kopf. »Das ist nicht lustig, Mama. Das ist einfach nur dumm.«

Daniela seufzte erneut. Sie wusste nicht, wie sie ihren Sohn erreichen sollte. All die Worte, die sie sich in ihrem Kopf zurechtlegte, all den Trost, behielt sie für sich. Ihn in seinem Kummer zu bestärken war ihrer Meinung nach der falsche Weg. Sicher, Erkan fehlte Timo, aber er war doch nicht gestorben. Er arbeitete nur. Das Verhalten des Jungen wirkte beinahe, als hätte er seinen Vater für immer verloren.

»Hast du deine Hausaufgaben schon gemacht?« Mit langen Bewegungen strich sie die Bettdecke vor sich glatt.

»Noch nicht.«

»Möchtest du dich unterhalten?«

»Nein«, kam es leise zurück.

»Okay, ich verstehe«, sagte sie und stand auf. »Wenn du deine Meinung änderst, bin ich hier.«

Timo sah sie nicht an, als sie den Raum verließ. Daniela wusste, dass sie geduldig sein musste, aber es war schwer zu sehen, wie ihr Sohn sich verschloss und unzugänglich wurde. Dass er seinen Frust bald wieder ablegte und sie einen Zugang fand, war alles, worauf sie hoffen konnte.

Als Erkan am Abend nach Hause kam, begrüßte Daniela ihn direkt im Flur. Sie legte all die Freude in eine feste Umarmung. »Hey, Schatz. Wie war die Reise?«, begrüßte sie ihn.

»Anstrengend. Tut gut, wieder zu Hause zu sein«, antwortete er und gab ihr einen Kuss auf die Wange.

Wie gut es tat, wieder als Familie beim Abendessen zu sitzen. Erkan erzählte von Istanbul und wie gelegen es ihm bei den Verhandlungen gekommen war, Türkisch zu sprechen. Seinen Geschichten zu lauschen, die er mit Witz und Elan zum Besten gab, war eine Wohltat. Aber Timo lachte anders als sonst. Immer schwang eine Portion Traurigkeit in seinen Zügen mit.

»Alles okay, Sportsfreund?«, fragte Erkan und zerzauste seinem Sohn das dunkle Haar.

»Ja, alles gut«, antwortete dieser knapp und stand auf, um sein Geschirr wegzuräumen.

Als sie später im Bett lagen, sprachen Daniela und Erkan über ihren Tag. Sie schmiegten sich aneinander und genossen die Nähe zueinander. Es schien der richtige Moment zu sein, um über Tiefergehendes zu sprechen. Daniela besaß das große Talent der Feinfühligkeit. Sie versuchte Erkan ihre Sorgen offen darzulegen und es dabei nicht so klingen zu lassen, als wolle sie undankbar erscheinen oder ihrem Mann ein schlechtes Gewissen einreden.

Erkan hörte zu. Er unterbrach seine Frau nicht. Nachdem sie geendet hatte, wartete er einen Moment und antwortete dann damit, dass es ihm nicht entgangen war. Und er wusste, dass er der Familie viel abverlangte. Aber das war nur die Anfangszeit seiner neuen Position. Wenn er erst einmal alle Aufträge übernommen hatte, würden viele Angelegenheiten online über die Bühne gehen. Er versprach, dass sie nur noch ein paar Wochen würden durchhalten müssen. Und in den Weihnachtsferien würde er nicht ein einziges Mal den Laptop aufklappen oder ans Telefon gehen.

Dieser Lichtblick war beruhigend und Daniela schlief an diesem Abend seit Langem wieder einmal schnell ein, in den Armen ihres Mannes und mit einem Lächeln auf den Lippen. Ein Umstand, der jedoch nur bis zum nächsten Morgen hielt.

Daniela stand an der Haustür und beobachtete, wie Erkan ins Auto stieg und zu seiner Geschäftsreise aufbrach. Auf dem Weg zum Flughafen würde er Timo bei der Schule absetzen und er hatte Daniela versprochen während der Fahrt mit ihm zu sprechen. Jetzt saß der Junge schon im Wagen und Erkan kam noch einmal zu Daniela. Er gab ihr einen liebevollen Kuss und strich ihr eine Strähne hinters Ohr. Sein zuversichtlicher Ausdruck war heute nicht so ansteckend wie sonst.

»Wie lange bleibst du diesmal weg?«, fragte Daniela und versuchte, ihre Sorge zu verbergen.

»Vier Tage«, antwortete Erkan und lächelte sie an. »Aber keine Sorge, ich melde mich jeden Tag.«

»Ich hoffe, Timo hört auf dich«, sagte Daniela und unterdrückte die aufsteigenden Tränen. »Er vermisst dich so sehr, Erkan. Es ist nicht leicht für ihn, wenn du weg bist. Sag ihm, was du mir gestern gesagt hast.«

Erkan nickte und legte eine Hand auf Schulter. »Das werde ich. Und wenn ich den versprochenen Bonus kriege, fahren wir über Weihnachten in den Skiurlaub.«

Daniela nickte, obwohl sie das nicht wirklich überzeugen konnte. Sie fragte sich manchmal, ob es das alles wert war.

»Und bis dahin versuch ihn abzulenken«, schlug Erkan vor. »Ihr könntet doch das mit dem Hobby machen. Ich bin sicher, das wird ihm helfen, die Zeit schneller vergehen zu lassen.«

»Was meinst du?«

»Na, die Karte, die du damals beim Klassentreffen bekommen hast. Vielleicht findet ihr ja ein gemeinsames Hobby für die Aufgabe.«

Daniela nickte erneut und versuchte, sich zusammenzureißen. »Du hast recht. Das hatte ich schon ganz vergessen.«

Erkan grinste und gab ihr einen schnellen Kuss auf die Wange. »Ich werde euch vermissen.«

Sie umarmten sich noch einmal und dann stieg Erkan in den Wagen. Daniela stand allein auf der Veranda und beobachtete, wie das Auto immer kleiner wurde, bis es schließlich um die Ecke bog und verschwand.

Seufzend ging sie ins zurück ins Haus. Es würden vier lange Tage werden, dachte sie, aber sie würde ihr Bestes geben, um Timo auf andere Gedanken zu bringen.

Nach einiger Überlegung fiel ihr ein, wo die *Bucketlist*-Karte war und ein Lächeln kam ihr über die Lippen. Die perfekte Tarnung, um Zeit mit ihrem Sohn zu verbringen, ohne ihm dabei das Gefühl zu geben, ihn nur beschäftigen zu wollen. Sie zog sie aus der Handtasche, die sie an jenem Abend bei sich gehabt hatte.

Suche dir ein neues Hobby, las sie.

KATHARINA UND DIE ERKENNTNIS

Das Stadthaus, in dem Katharina und Gregor lebten, hatte eine klare Linienführung. Es war nicht zu groß und nicht zu klein und passte perfekt in die Nachbarschaft.

Das Haus hatte zwei Stockwerke und ein flaches Dach, das mit Solarpaneelen bedeckt war. Große, raumhohe Fenster fluteten das Haus mit Licht und gewährten einen herrlichen Ausblick über den grünen Stadtpark. Der offene Grundriss wirkte trotz minimalistischer Dekoration einladend. Eine Kochinsel trennte Wohnbereich und Küche. Moderne Möbel verliehen Eleganz.

Die Sonne schien hell durch das bodentiefe Fenster des geräumigen Schlafzimmers, als Katharina ihre Augen öffnete und sich in ihrem Bett ausstreckte. Gregor war schon bei der Arbeit. Obwohl sie beide vollzeitbeschäftigt waren, brach Gregor früher auf und kam später nach Hause. Sein Job war ihm ausgesprochen wichtig. Katharina arbeitete in einer privaten Rechtsanwaltskanzlei. Sie war für Terminkoordination, Papierverkehr und Personalverrechnung zuständig. Sie wäre nie auf die Idee gekommen, länger als notwendig zu bleiben und das Einzige, was sie an ihrem Job wirklich gerne mochte, war, dass sie jeden Tag neue Outfits vorführen konnte.

Die Stille im Haus war ohrenbetäubend. Mit einfachen Kommandos schaltete Katharina Musik ein, die aus den Lautsprechern, welche im gesamten Haus installiert waren, schallte. Ihre Lieblingslieder lenkten sie ab. Es gab Tage, an denen das Haus ihr einziger Gesprächspartner war, aber das war in Ordnung.

Katharina schloss ihre Augen und lauschte der Melodie der Musik, während sie sich langsam aus dem Bett quälte. Es war ein mühsamer Prozess, denn sie hatte in letzter Zeit oft Schwierigkeiten, aus dem Bett zu kommen. Ihr Körper von schwerer Melancholie erfüllt.

Als sie endlich aufgestanden war, ging sie ins Badezimmer und betrachtete ihr Spiegelbild. Sie sah müde und blass aus, aber das war inzwischen normal für sie. Sie wusch ihr Gesicht, putzte ihre Zähne und kämmte ihr langes rotbraunes Haar. Dann zog sie sich bequeme Kleidung an und machte sich auf den Weg in die Küche.

Eine große Tasse Tee später blätterte sie durch eine Zeitschrift, die sie schon hundertmal gelesen hatte, und stellte fest, dass sie sich nicht wirklich für den Inhalt interessierte.

Ihr war langweilig.

Für eine Unternehmung fehlte ihr aber die Energie. Wie so oft suchte sie Zerstreuung in den sozialen Medien, in denen sie sich in einem ganz anderen Licht präsentierte. Ihre Follower kannten nicht die trübsinnige Katharina, für die sie sich nicht interessieren würden. Sie wollten Fotos von schicken Kleidern und aufwendigen Cocktails sehen. Sie wollten das strahlende Lächeln sehen, das Katharina bis zur Perfektion einstudiert hatte. Sie wollten sehen, wie sie sich in Ballkleidern vor dem Spiegel drehte oder eine neue Make-up-Marke ausprobierte. Und der Zuspruch in den Kommentaren, die Likes unter den Bilden, erschienen ihr wirklicher als das echte Leben, in dem sie an der Kücheninsel saß und Klatschblätter las, bis es Zeit für die Arbeit war.

Der Tag verging wie jeder andere. Von neun bis zwei leistete sie ihren Dienst in der Kanzlei, steckte einige Komplimente von Vorgesetzten und Kolleginnen ein. Danach kehrte Katharina in das leere Haus zurück. Erst das Zubereiten des Abendessens bereitete ihr wieder Freude. Die einzige Aufgabe im Haushalt, die sie mit Begeisterung antrat. Auf ihrem Instagram-Account fanden sich einige raffiniert geschnittene Kochvideos, von denen das ein oder andere schon viral gegangen war. Und Gregor, mit dessen Ankunft sie gegen sechs rechnete, schätzte ihre Kochkünste. Beim gemeinsamen Abendessen war die Welt immer ein Stück weit in Ordnung.

»Wie war dein Tag, Kit Kat?«, fragte Gregor und nahm einen großen Bissen von seinem Rinderbraten. Er sah sie liebevoll fordernd mit seinen großen, grauen Augen an. »Herrlich!«, fügte er in Bezug auf das Fleisch hinzu und brummte anerkennend.

»Oh, es war okay«, antwortete Katharina und schnitt auf ihrem eigenen Teller herum. »Ich habe nicht viel getan, außer zu Hause zu sein.«

Gregor nickte und begann dann, über seinen eigenen Tag zu sprechen. Er erzählte von seinen Meetings und seinen Erfolgen im Büro. Von Kollegen und Geschichten, die er während des Tages gesammelt hatte. Er erzählte, dass er mit dem alten Lehrer telefoniert hatte und sie sich vorgenommen hatten, sich mal zu treffen.

Während er sprach, merkte er nicht, dass Katharina immer stiller wurde. Bei der Erwähnung des Lehrers fiel ihr das Klassentreffen wieder ein.

»Oh und ach ja! Ich habe heute ein neues Projekt bekommen«, fuhr Gregor fort, »und ich denke, es wird großartig werden. Ich werde viel Zeit im Büro verbringen müssen, aber es wird sich lohnen.«

Katharina musterte ihren Mann. Als Gregor sein Steak fertig gegessen hatte und begann, sich laut Gedanken darüber zu machen, was er am nächsten Tag tun würde, kam Katharina ein seltener Satz über die Lippen.

»Gregor«, sagte sie leise. »Ich glaube, du hast vergessen, mir zuzuhören.«

Gregor sah sie überrascht an. »Was meinst du?«

»Ich meine, dass du immer nur von deinem Tag und deinen Plänen sprichst«, erklärte Katharina. »Du interessierst dich überhaupt nicht dafür, wie es mir geht.«

Gregor schien das nicht zu verstehen. »Aber du sagst doch immer, dass dein Tag langweilig war. Was soll ich dazu sagen?«

Katharina seufzte. »Ich will nur, dass du mir zuhörst. Ich will nicht das Gefühl haben, dass ich unwichtig bin.«

Gregor sah sie traurig an. »Das ist nicht wahr, Katharina. Du bist mir sehr wichtig. Und wie du dich erinnerst, habe ich sehr wohl nach deinem Tag gefragt. Jeden Tag frage ich das! Was soll ich denn deiner Meinung nach machen?«, fragte er. »Du wirkst jeden Tag gleich lustlos und bekümmert.«

Katharina versuchte, ihre Gefühlslage zu erklären, aber es war, als ob Gregor sie nicht hören wollte. Stattdessen begann er, sie zu beschuldigen, nicht genug für ihr eigenes Glück zu tun. »Es ist nicht meine Aufgabe, dein Leben zu leben«, sagte er. »Du musst selbst etwas ändern, wenn du dich unglücklich fühlst. Ich verstehe nicht, was du von mir erwartest.«

Katharina hob den Kopf und sah ihn wütend an. »Ich möchte einfach nur gesehen werden«, murrte sie. »Ich möchte, dass du mich verstehst und mir zuhörst.«

Gregor schnaubte verächtlich. »Du bist kein kleines Mädchen mehr.«

Katharina ballte die Fäuste. In ihr brach ein Damm und sie würde es nicht verhindern können. Obwohl der Tag nicht anders gewesen war als alle anderen davor. Heute schluckte sie ihre Gefühle nicht. All die Wut über ihre eigene Unfähigkeit, ein glückliches Leben zu führen, richtete sich jetzt gegen Gregor. Sah er denn nicht, wie sehr es sie quälte? Sah er nicht, wie seine Vorwürfe genau ins Schwarze trafen und sie an alles erinnerten, was sie an sich selbst verachtete? Er sah es nicht. Weil er nicht hinsah!

»Aber ich brauche deine Unterstützung«, sagte Katharina lauter. »Ich brauche jemanden, der mir hilft, meine Träume zu verwirklichen.«

Gregor schüttelte den Kopf. »Und was für Träume sollen das sein?«

Katharina öffnete den Mund, schloss ihn aber wieder. Sie stockte. Es gab nichts, was sie auf diese Frage hätte erwidern können. Stattdessen stiegen ihr Tränen in die Augen.

»Du kannst nicht erwarten, dass ich dich immer wieder aufbaue«, sagte er.

»Das ist nicht fair«, sagte sie leise. »Glaubst du nicht, dass ich mich anstrenge glücklich zu sein?«

Gregor verdrehte die Augen. »Ich kann nicht glauben, dass du immer noch so naiv bist«, sagte er. »Du musst lernen, selbstständig zu sein und dein eigenes Leben zu führen. Schau dich doch um. Uns geht es so gut. Viele andere haben weitaus weniger.«

»Das hilft mir nicht!« Katharina wurde lauter.

»Verdammt, dann sag mir, wie ich dir helfen kann? Triff eine Entscheidung und wir gehen diesen Weg gemeinsam.«

Der Raum war erfüllt von ihren aufgeheizten Gemütern. Der Abend, der so friedlich begonnen hatte, war nun vollkommen außer Kontrolle geraten. Es war ungewöhnlich, dass ein Streit sich in diesem Tempo entwickelte, aber normalerweise sprach Katharina auch nicht aus, wie sie sich fühlte.

»Wie kannst du nur so egoistisch sein?«, fragte sie. Es hatte ihr längst die Tränen in die Augen getrieben.

»Egoistisch?« Gregor lachte bitter auf.

»Du denkst nur an dich selbst, anstatt an uns als Familie.«

»Das ist lächerlich«, sagte Gregor und stand auf. »Ich tue alles für dich. Ich arbeite hart, damit wir uns all die Dinge leisten können, die du willst. Und jetzt kommst du mir mit dieser Scheiße.«

»Scheiße?« Katharina ließ Messer und Gabel klirrend auf den Tisch fallen. »Wie kannst du das nur so abtun? Scheiße nennst du es, wenn ich von meinen Gefühlen spreche?«

»Du sitzt den ganzen Tag zu Hause und beschäftigst dich mit deinen sinnlosen Hobbys. Hängst vor dem Telefon und lebst in deiner kleinen Blase. Das würde mich auch unglücklich machen. Ändere doch einfach etwas daran.«

»Und was?«, platzte es aus Katharina heraus.

»Irgendwas! Geh raus, unternimm was, sei mutig. Kauf dir einen Hund!« Gregor gestikulierte wild, ehe er all das mit einem prustenden Geräusch abtat. »Du bist alt genug, um deine eigenen Entscheidungen zu treffen.«

»Wie denn, wenn du doch alle Entscheidungen für mich triffst?«, schrie sie, sodass ihre Stimme zwischen den Wänden widerhallte. Sie war aufgesprungen und krallte die Finger um die Tischplatte.

Gregor presste die Lippen aufeinander. »Diesmal nicht. Ich hab genug davon«, sagte er und schob ruckartig seinen Stuhl zurück. »Danke für das Essen.«

Damit war er aus dem Zimmer verschwunden und der Streit beendet. Nach dem Knall seiner Bürotür ließ er sich nicht mehr blicken. Einander aus dem Weg zu gehen, fiel ihnen in dem großen Haus leicht.

Derart aufgewühlt konnte sich Katharina unmöglich dem Chaos in der Küche widmen. Sie floh ins Badezimmer, wo sie ihren Gefühlen freien Lauf ließ. Nach den ersten Tränen, die sie stumm ins Waschbecken fallen ließ, wandte sie sich ihrem Spiegelbild zu. Es war nicht die Frau, die sie sehen wollte. Trotz der Qual setzte sie ihr schönstes Lächeln auf. Wäre die Schminke nicht verlaufen und die Augen nicht gerötet gewesen, hätte man ihr nichts angemerkt. Die Maske saß perfekt. Sie täuschte vielleicht die Welt, aber nicht sich selbst.

Mit lautem Plätschern füllte sich die Badewanne mit heißem Wasser, während der Schaum sich zu immer höheren Hügeln türmte. Katharina goss etwas duftendes Badesalz hinein und beobachtete, wie es sich langsam auflöste und den Raum mit einem angenehmen Aroma erfüllte, das sie mit Zufriedenheit verband. Kerzen rundeten das Ambiente ab. Vertrieben den Unmut ein Stück weit.

Langsam ließ sie sich in die große Wanne gleiten. Ein wohliges Gefühl durchströmte ihren Körper, als das heiße Wasser ihre Haut umspielte. Sie lehnte sich zurück und schloss die Augen.

Für einen Moment ließ sie einfach nur die warme Umarmung des Wassers auf sich wirken.

Die Gedanken mochte es aber nicht vertreiben. Es war nicht der erste Streit und es würde auch nicht der Letzte sein. Aber dieses Mal hatten die Worte etwas in ihr ausgelöst. Etwas, das sie nicht ignorieren konnte.

Glück. Sie erinnerte sich an den Mann, der ihnen dieses Kartenspiel auf den Tisch geklatscht hatte. Er hatte tatsächlich glücklich gewirkt. Katharina fragte sich, ob sie überhaupt in der Lage war, eine Ehe wie diese aufrecht zu erhalten. Ohne Kinder. Es würde für immer so bleiben. Es gab nur Gregor und sie.

War es das, was sie sich für ihr Leben vorgestellt hatte? Ein endloser Kreislauf aus Streitereien und Versöhnungen? Nein. Damals hatten sie beide etwas anderes gesehen, wenn sie der Zukunft entgegengeschaut hätten. Vielleicht dasselbe Haus, vielleicht dieselben Jobs. Aber auch Kinder. Ein Leben voller Lachen und Frohsinn. Weniger Geld vielleicht, aber mehr Liebe.

Katharina schüttelte den Kopf und konzentrierte sich wieder auf das warme Wasser, das ihr bis zum Hals stand. Sie ließ ihren Blick durch den Raum schweifen. Das Kerzenlicht flackerte und spiegelte sich auf dem Wasser. Es war ein kleiner Moment der Ruhe inmitten des Chaos, der ihr half, die Dinge wieder klarer zu sehen. Gregor hatte seinen Frieden mit der Kinderlosigkeit geschlossen und im Grunde hatte auch Katharina sich damit abgefunden. Aber seit diesem verflixten Klassentreffen, zu dem sie gar nicht hatte gehen wollen, geisterten diese Gedanken wieder durch ihren Kopf. Wie sie alle von ihren Kindern gesprochen hatten voller Freude in ihren Gesichtern. Katharina hatte mitgezählt. Sieben Mal waren sie bei dem Treffen danach gefragt worden, ob sie denn Kinder hätten. Nicht die Frage zu verneinen schmerzte, sondern die Reaktionen, die man darauf erhielt. Manchmal gab es nur einen mitleidigen Blick, manchmal sogar die dreiste Frage nach dem Warum. Als wäre ein Leben nur mit Kindern vollständig. Auf dem Klassentreffen hatte Katharina sich natürlich bedeckt gehalten. Aber es gab auch Situationen, wo die Gesprächspartner nicht lockerließen. Dann wurde man belehrt, dass es auch andere Wege gab, ein Kind zu bekommen. Und äußerte man sich nicht dazu, wurde man kurzerhand mit den wundervollsten Beschreibungen der innigen Liebe zwangsbeglückt.

Katharina hielt die Luft an und tauchte ihren Kopf unter Wasser. Sie strich sich das Haar nach hinten und konzentrierte sich auf die Hitze, die ihr Gesicht umschloss. Sie blieb unter Wasser, bis sie es nicht mehr länger aushielt. Als sie auftauchte, nahm sie einen langen, befreienden Atemzug. Mit ihm kam die Erkenntnis, dass diese Menschen es nur gut meinten. Genau wie Gregor. Woher sollte er wissen, was in ihrem Kopf vor sich ging. Aber für heute war sie zu aufgekratzt, um die Unterhaltung noch einmal zu führen.

Entspannt und gestärkt stieg Katharina aus der Wanne. Sie hüllte ihren schlanken Körper in eines der weichen Badetücher und nahm vor dem Spiegel Platz, wo sie sich lange in die Augen sah. Es war womöglich an der Zeit, sich selbst zu helfen und die Dinge wieder ins Lot zu bringen.

Maya und die kleinen Taten

Maya betrat das Büro des Geschäftsführers mit Entschlossenheit. Was auf sie zukam, wusste sie ganz genau. Herr Tennenbaum hatte sich über die Jahre einen Ruf erworben. Dass man endlich sie auf diesen Kunden losließ, hatte viel Überzeugungskraft gekostet. Sie hatte schon oft schwierige Gespräche mit Kunden geführt, aber dieses war anders.

Günther Tennenbaum, ein älterer Mann mit hoher Stirn und kräftigem Körperbau, hatte eine rückständige Denkweise und jene frauenfeindliche Einstellung, der Maya den Krieg erklärt hatte. Ehe sie an die Tür klopfte, sammelte sie all das Kribbeln in ihrem Bauch, verbannte es in den hintersten Winkel ihres Verstandes und wiederholte im Geiste ihr Mantra. *Ich bin stark, mutig und wertvoll, und ich werde mein Ziel erreichen.*

Sie nahm tief Luft und klopfte an die Tür ihres Zwei-Uhr-Termins. Herr Tennenbaum brummte ein neutrales »Herein«, bemühte sich aber nicht, von seinem übergroßen Holzschreibtisch im Kolonialstil hervorzutreten. Maya richtete sich auf, schritt auf ihn zu und sie reichten sich die Hand. Herr Tennenbaum machte Anstalten, mit belanglosem Small Talk zu eröffnen, aber Maya kam ohne Umschweife auf den Punkt. Man hatte sie hergeholt, um der Firma zu helfen, nicht um zu plaudern.

Sie begann das Gespräch mit klaren und eindeutigen Worten: »Herr Tennenbaum, ich bin hier, um mit Ihnen über Ihre Firmenpolitik sprechen. Ich denke, sie ist frauenfeindlich und behindert das Wachstum Ihres Unternehmens.«

Herr Tennenbaum lachte und winkte ab. »Ach, Schätzchen, ich habe jahrelange Erfahrung und weiß, was am besten für mein Unternehmen ist. Ich brauche lediglich ein wenig Unterstützung mit diesem neumodernen Medienzeugs.«

Maya ballte ihre Fäuste und spürte das Feuer in ihrem Bauch aufsteigen. Sie hatte genug von Männern, die Frauen wie sie nicht ernst nahmen und ihre Arbeit herabsetzten. »Herr Tennenbaum, ich bin hier, um Ihnen zu helfen. Aber wenn Sie nicht bereit sind, zuzuhören, dann ist das Gespräch hiermit beendet.«

Tennenbaum lief rot an, blieb aber ruhig. »Sie sind nur hier, weil der Betriebsrat es so will. Um meine Zeit zu verschwenden und mir zu sagen, was ich falsch mache.«

Maya zögerte kurz, dann sprudelte es aus ihr heraus. »Nein, Herr Tennenbaum, ich bin hier, um Ihnen zu sagen, dass Sie falsch liegen. Sie haben Frauen in Führungspositionen abgelehnt und ihnen keine angemessenen Gehälter gezahlt. Sie haben Frauen in Ihrem Unternehmen diskriminiert und das hindert das Wachstum Ihres Unternehmens.«

Sie hatte das Gespräch schon seit Wochen vorbereitet und sich auf alle möglichen Einwände vorbereitet. Aber als der Geschäftsführer vor ihr saß, wurde ihr klar, dass sie nicht auf alles vorbereitet sein konnte.

»Frauen in Führungspositionen sind ein Risiko für das Unternehmen«, sagte Tennenbaum in einem Tonfall, der keinen Widerspruch zuließ. »Sie sind zu emotional und können ihre Arbeit nicht trennen von ihren persönlichen Problemen, Schätzchen.«

Mayas Herz raste. Sie wusste, dass sie einen kühlen Kopf bewahren musste, um ihre Argumente überzeugend zu präsentieren.

»Bitte hören Sie auf, mich Schätzchen zu nennen. Und zu ihrem Argument kann ich nur sagen, dass es einfach nicht wahr ist«, antwortete sie ruhig. »Studien haben gezeigt, dass gemischte Teams erfolgreicher sind und bessere Ergebnisse erzielen als homogene Teams. Frauen bringen unterschiedliche Perspektiven und Erfahrungen mit, die für das Unternehmen von unschätzbarem Wert sind.«

Der Chef schüttelte den Kopf. »Das sehe ich anders. Wir haben hier klare Strukturen und die sollten nicht durch solche Experimente durcheinandergebracht werden.«

Maya atmete tief durch. Sie wusste, dass es jetzt darauf ankam, ihre Wut und Frustration im Zaum zu halten, um ihre Botschaft klar und überzeugend zu präsentieren.

»Das ist kein Experiment«, sagte sie mit fester Stimme. »Das ist eine Notwendigkeit. Frauen haben das Recht und die Fähigkeit, in jedem Berufsfeld erfolgreich zu sein. Sie sollten nicht aufgrund ihres Geschlechts benachteiligt werden. Es ist nicht nur unfair, sondern auch wirtschaftlich unklug.«

Der Tennenbaum sah sie ungläubig an. »Unklug? Was meinen Sie damit?«

Maya schob sich die Brille zurecht und setzte sich aufrecht hin. »Können Sie es sich in Ihrer derzeitigen wirtschaftlichen Lage wirklich leisten, auf Chancen und Motivation zu verzichten? Können Sie Ihrem Unternehmen ruhigen Gewissens die Möglichkeit zur Weiterentwicklung verwehren? Das ist nicht nur ein moralisches Problem, Herr Tennenbaum, es ist ein Geschäftsproblem.«

Der Chef sah sie einen Moment lang an und Maya spürte, wie ihr Puls in ihrem Hals pochte. Dann nickte er langsam. »Gut«, sagte er schließlich.

Maya atmete erleichtert auf. Sie hatte es geschafft. Sie hatte ihren Standpunkt klar gemacht und den alten Mann in die Schranken gewiesen, was seine rückständige Denkweise anbelangte. Im besten Fall würde er im Laufe des Tages noch über seine frauenfeindliche Einstellung nachdenken.

Zufrieden verließ sie das Büro ihres Kunden. Sie wusste, dass es noch viele Kämpfe geben würde, aber sie war bereit, diese für die Gleichberechtigung zu führen und die Welt zu einem besseren Ort zu machen. Auf dem Weg zur Straßenbahn tippte sie eine Nachricht an Sarah, mit der sie zum Kaffee verabredet war.

Maya schlenderte mit einem Hochgefühl durch die belebten Straßen der Innenstadt. Das Adrenalin, das sie während ihres gut gelaufenen Geschäftstermins durchströmt hatte, ließ sie das Hochgefühl bis zum Letzten auskosten. Die Sonne schien hell, aber ein frostiger Wind wehte durch die Gassen und wirbelte trockenes Laub und Staub auf. Maya tänzelte wie auf Wolken über die gepflasterten Straßen.

Sie atmete tief ein und genoss den Duft der kalten Herbstluft und gebrannten Mandeln, der in der Luft lag. Überall um sie herum gab es Leben und Bewegung.

Während Maya durch die Straßen bummelte, beobachtete sie die Menschen um sie herum. Die Stadt pulsierte. Sie sah Paare, die Händchen hielten, Familien, die miteinander lachten, und Menschen, die eilig zu ihren Terminen eilten. Mittendrin Maya, die ihren Weltveränderungsmoment genoss.

Am Treffpunkt angekommen sah sie ihre Freundin bereits auf sie warten. Maya strahlte vor Freude und lief auf Sarah zu, umarmte sie fest und drückte sie an sich. »Wie geht es dir?«, fragte sie und löste sich aus der festen Umarmung.

»Ich bin so froh, dich zu sehen«, antwortete Sarah und lächelte sie an.

Nach einer Reihe von gegenseitigen Komplimenten betraten die Freundinnen das Restaurant. Es erstrahlte in peppigen und grellen Farben, die Einrichtung war an die Siebziger angelehnt und an der Wand hingen Warhol-Drucke, dazwischen immer wieder goldene Dekoelemente. Die Speisekarte hielt sich an die amerikanische Küche. Es gab Burger, Steaks, verschiedene Salate und Toasts, die mit nachhaltigen Zutaten zubereitet wurden. Vom 400g-Steak mit einfachen Pommes bis hin zum glutenfreien Tofu-Burger mit Soja-Dip und Süßkartoffelspalten mit Rosmarin. Tagsüber tranken die meisten Gäste hier Kaffee oder Tee.

Maya verging vor Verzückung, als sie Sarah den dümmlichen Ausdruck in Tennenbaums Gesicht beschrieb, nachdem sie ihm mit sachlichen Argumenten den Wind aus den Segeln genommen hatte. Sie sprachen lange darüber und irgendwann schwenkte das Gespräch auf Sarah um. Sie gab sich nicht so redselig und wirkte eher bedrückt. Maya durchschaute ihr Gegenüber mit Leichtigkeit. Etwas lag ihr auf dem Herzen. Man sah es in ihren blauen Augen.

»Sag mir, was dich wirklich bedrückt, Liebes«, sagte Maya und legte ihre Hand auf die ihrer Freundin.

»Ich habe heute Vanessa wiedergesehen.«

Die Geräuschkulisse von miteinander sprechenden Gästen und klirrendem Geschirr um sie herum wirkte mit einem Mal wie in weite Ferne gerückt. Es gab nur die beiden.

Sarah zögerte einen Moment, bevor sie fortfuhr. »Ich kann diese Gefühle nicht zuordnen und fühle mich so unglaublich schuldig.«

Maya nickte verständnisvoll. »War es das erste Mal seit eurer gemeinsamen Nacht?«

Sarah nickte und verzog den Mund. »Ich bin ihr aus dem Weg gegangen.«

Etwas, was mit Sicherheit schwierig war, wenn man sich ein und denselben Arbeitsplatz teilte. Maya sprach dieses Thema nie von sich aus an, aber sie kannte die ganze Geschichte.

Vanessa war der Grund für die Scheidung, die hinter Sarah lag. Sie hatte ihren Mann früh geheiratet. Sie schienen immer das perfekte Paar gewesen zu sein. Aber bei der Firmenweihnachtsfeier des letzten Jahres war es zu einem Zwischenfall gekommen. Sarah hatte zu viel getrunken, schob es aber nicht allein darauf. Sie hatte ihren Mann im Hotelzimmer mit einer Frau betrogen. Seither war sie verwirrt. Ihren eigenen Angaben zufolge war das Schlimme nicht, dass es ihr passiert war, sondern, dass es ihr so gut getan hatte. Aus dieser Krise hatten sie keinen anderen Weg gefunden, als sich zu trennen. Niemand aus dem Umfeld der beiden verstand, warum es passiert war. Sarah und Philip am allerwenigsten.

»Meine Gedanken erdrücken mich und trotzdem habe ich das Gefühl, mehr darüber nachdenken zu müssen.«

Maya neigte verständnisvoll den Kopf. Sie schob ihre Brille wieder die Nase hoch und wollte gerade etwas Aufmunterndes sagen, als ihr Handy vibrierte und der Kaffeelöffel auf der Untertasse schepperte. Sie entschuldigte sich. Es war ein Bild, das jemand in die *Bucketlist-Kartenspiel*-Gruppe gesendet hatte.

»Sein Name ist Stephan, oder?«, fragte Sarah und vergrößerte das freudestrahlende Gesicht mit Zeigefinger und Daumen.

»Ja.« Maya schmunzelte. Sie erinnerte sich an ihre eigene Aufgabe, der sie im Grunde jeden Tag nachkam, ohne es zu wissen.

Womöglich war nun der Zeitpunkt gekommen, es aktiver und bewusster zu tun. Sie legte das Handy wieder auf den Tisch.

Maya musterte Sarah eindringlich. Selten hatte sie die Freundin derart verunsichert gesehen. Kaum vorzustellen, wie es in ihrem Inneren aussehen musste. Die Welt verändern, schön und gut, dachte Maya und schluckte den Kloß hinunter, der sich in ihrem Hals bildete. Hier saß jemand vor ihr, der tatsächlich Hilfe brauchte. Und auch, wenn Maya dieses Problem nicht aus der Welt schaffen konnte, es gab Menschen, die sich auf diesem Gebiet verstanden. Niemand musste eine solche Krise allein bewältigen.

»Hey, ich möchte dir etwas sagen«, begann Maya und legte ihre Hand auf Sarahs Schulter. »Ich möchte, dass du weißt, dass ich immer für dich da bin. Aber aus dieser Lage kann ich dich nicht herausführen. Ich kenne aber viele Leute und einige davon könnten das vielleicht. Ich will dir unbedingt helfen, wenn du das möchtest.«

Sarah suchte nach Worten, drückte diese dann aber in einer festen Umarmung aus.

Daniela und die Hingabe

Die goldene Sonne tauchte den Stadtpark an diesem späten Herbsttag in ein warmes Licht. Die letzten Blätter an den Bäumen hatten ein Farbspektrum von Gelb, Orange und Rot. Ein älteres Paar schlenderte auf dem Weg entlang und genoss die Schönheit des Herbstes. Ein Hund bellte fröhlich und rannte hinter einem Ball her, den sein Besitzer für ihn geworfen hatte. Im Park herrschte eine friedliche Stimmung, als würde die Natur selbst in diesem Moment innehalten und ihren letzten Atemzug vor dem Winter machen. Die Luft roch nach feuchtem Laub und Erde. Der Himmel war blau und klar, die Wolken waren dünn und weit verstreut.

Der Park wirkte wie eine kitschige Postkarte. Die Bäume, die Blätter, der Himmel und das Sonnenlicht schienen perfekt aufeinander abgestimmt zu sein. Timo hatte nicht viel gesagt, obwohl er und seine Mutter schon seit einer halben Stunde über die erdigen Wege spazierten. Daniela und er waren in ihre dicken Daunenjacken eingepackt.

Auf einer Wiese voller Raureif spielten drei Kinder trotz der Kälte Fußball. Daniela blieb stehen und beobachtete die Szene. Der Raureif glitzerte im Sonnenlicht und bedeckte den Rasen wie ein funkelnder Schleier. Die Luft war so kalt, dass man den Atem sehen konnte, aber die Kinder schienen es nicht zu bemerken.

Daniela konnte nicht anders, als sich von ihrer Energie und Begeisterung anstecken zu lassen. Sie und ihr Sohn setzten sich auf eine Bank und beobachteten die Kinder weiter. Die drei Jungen waren so vertieft in ihr Spiel, dass sie ihre Umgebung vollkommen vergaßen. Sie kickten den Ball hin und her, schrien sich an und lachten über ihre eigenen Witze. Daniela konnte das Lachen und den Spaß förmlich spüren.

»Kennst du die Jungs?«, fragte sie Timo und stupste ihn an.

Er schüttelte stumm den Kopf, folgte aber mit seinen Augen dem Ball.

»Möchtest du mitspielen? Soll ich sie fragen?«

»Nein, Mama! Bloß nicht!«, antwortete Timo schnell.

Daniela kicherte und neckte ihren Sohn weiter. »Ich gehe hin und sage, dass du der beste Tormann aller Zeiten bist.«

Jetzt schmunzelte auch er. »Ich bin doch nie im Tor. Ich bin Stürmer.«

Daniela stieß ein lang gezogenes »Ah« aus und tat, als ob sie das nicht gewusst hatte. »Deshalb stürmst du immer vom Esstisch, ohne deinen Teller in die Spüle zu stellen.«

Timo lachte, aber er zog seinen Kopf in den Schal, um es zu verstecken. Nur sein warmer Atem, der als weißer Dunst aufstieg, verriet ihn.

Heute gingen Daniela und Timo zum dritten Mal spazieren. Sie hatten sich auf diesen Kompromiss geeinigt. Eine Stunde pro Woche. Mehr verlangte sie nicht. Dafür sah sie über die wesentlich mehr gewordene Handyzeit am Abend hinweg, in der Timo mit seinem Vater in Kontakt stand.

Noch waren es Spaziergänge, die Daniela vorschlug, aber sie zermarterte sich täglich den Kopf darüber, welches gemeinsame Hobby sie für sich und ihren Sohn aussuchen sollte.

Hobby. Mittlerweile klang das Wort schon albern, wenn sie es nur dachte. Was macht ein Hobby eigentlich aus?, fragte sie sich. Sollte es etwas sein, das man allein oder in einer Gruppe machte? Sollte es etwas sein, das einen entspannt oder fordert? Sollte es etwas sein, das man in kurzer Zeit erledigen oder über Jahre hinweg verfolgen kann? Und wofür würde das Hobby am Ende gut sein? Half es einem, den Stress des Alltags zu vergessen? Half es einem, neue Fähigkeiten zu erlernen oder bestehende zu verbessern? Oder war ein Hobby einfach nur eine Möglichkeit, Zeit totzuschlagen?

Daniela dachte an die verschiedenen Hobbys, die sie im Laufe ihres Lebens ausprobiert hatte. Sie hatte Stricken und Nähen geliebt, aber als Timo geboren wurde, hatte sie keine Zeit mehr dafür. Yoga und Pilates hatte sie ausprobiert, aber Sport und Fitness waren Dinge, dir ihr keine Freude bereiteten. Sie wusste, dass sie zu viele Kilos auf den Rippen hatte. Aber Erkan liebte sie, so wie sie war, und was noch wichtiger war: Sie liebte sich selbst, so wie sie war. Damals hatte sie zwar ein wenig abgenommen, aber war unglücklicher gewesen. Sie kochte gern und sie kochte gut. Das war auch etwas, wofür Timo sich seit jeher begeistern konnte. Er liebte es, in der Küche zu helfen. Aber auch das war in den letzten Wochen immer weniger geworden.

Später am Abend saß Daniela auf der Couch im Wohnzimmer. Es war ein gemütlicher Raum, der von einer warmen und einladenden Atmosphäre erfüllt war. Die Fenster waren groß und ließen das Tageslicht hinein, sodass die weichen Stoffe der Vorhänge in sanften Farben erstrahlten. In der einen Hand hielt sie die tomatenrote Karte, in der anderen ihr Telefon, um im Internet nach Inspiration zu suchen. Den motivierenden Text auf der Rückseite hatte sie mit Sicherheit schon zehnmal gelesen. Aber sie las ihn gerade noch einmal, als Timo sich neben sie setzte.

»Was ist das?«, fragte Timo.

Daniela freute sich, dass er von sich aus ihre Gesellschaft gesucht hatte, rückte es aber nicht in den Vordergrund. Als würde sich einem ein scheues Tier nähern, das man nicht gleich wieder verschrecken wollte, indem man es zu früh streichelte.

»Das ist die Karte aus dem Spiel, von dem ich dir erzählt habe«, antwortete sie und legte die Karte in die danach ausgestreckte Hand ihres Sohnes.

Er besah sie aufmerksam. Timo war schlau für sein Alter. Er hatte kaum noch etwas Kindliches an sich bis auf die großen, dunklen Augen. Wenn er einen damit ansah, wusste man, dass er nur ein Kind war, egal wie erwachsen er sich verhielt.

»Warst du schon auf der Website?«, fragte er.

»Nein.« Daniela zog die Stimme hoch und wunderte sich, dass sie daran noch nicht gedacht hatte.

»Was waren denn da sonst noch für Aufgaben?«

Im Inneren tat Daniela einen riesigen Freudensprung, antwortete aber in relativ neutralem Ton: »Jede Menge.«

»Was denn zum Beispiel?«, bohrte Timo nach.

»Iss einen Blutegel oder stecke deinen Fuß ins Klo.«

»Mama!« Er kicherte und rempelte seine Mutter scherzhaft an. Daniela lachte und zählte dann ein paar der Dinge auf, an die sie sich erinnerte.

»Hat schon jemand seine Aufgabe erledigt?«

»Ja.« Daniela öffnete die WhatsApp-Gruppe. Sie zeigte Timo die Fotos von Stephan und seinem Gemälde und Erik, der ziemlich fertig, aber glücklich auf einem Felsen im Wald hockte.

»Was soll das für eine Aufgabe sein?«, wollte Timo wissen.

»Ich glaube, das nannte sich Luftlinienwanderung.«

»Was ist das?«

Daniela erklärte ihrem Sohn, was es damit auf sich hatte, und während sie sprach, erkannte sie, wie seine Begeisterung wuchs. Mit jedem Wort wurde er aufmerksamer. In seinen Augen loderte ein Feuer auf, das sie so vermisst hatte. Auf eine Antwort folgte wieder eine Frage, bis er ganz unvermittelt meinte: »Wir sollten uns das Spiel bestellen und jede Woche eine Aufgabe erledigen. Das wär witzig!«

Daniela schluckte. Am liebsten hätte sie sein Gesicht in beide Hände genommen und ihn mit kleinen Küsschen überhäuft. Aber sie blieb cool und stimmte mit einem stolzen Nicken zu.

Gemeinsam besuchten sie die Website. Timo rückte ganz nah an seine Mutter, um besser sehen zu können. Das Spiel landete schnell im Warenkorb.

Etwas mehr Zeit beanspruchte das Durchstöbern der Beiträge. Daniela erkannte den Mann, der auf vielen Fotos und Videos mit einem breiten Grinsen in die Kamera strahlte. Er war augenscheinlich glücklich, ebenso wie die Menschen um ihn herum. Manchmal waren es Freunde, auf anderen war er mit seiner Familie und auch wenn er ein Erlebnis allein dokumentierte, begleitete die Aufnahmen stets dieses unverkennbare Lächeln. Ein Anblick, bei dem Daniela nicht eine Sekunde zu bezweifeln wagte, dass dieser Mensch glücklich war. Und genau dieses Lachen wollte sie wieder im Gesicht ihres Sohnes sehen. In ihrem Eigenen. So sah für sie Glück aus.

In die nächsten Tage kehrte endlich wieder der Alltag von früher ein. Timo war redseliger. Er stand auf, ohne dass man ihn dreimal ermahnen musste. Beim Mittagessen erzählte er wieder mehr von der Schule und endlich wieder von seinen Freunden. Daniela hatte sich schon Sorgen gemacht, dass er sich auch von seinen Schulfreunden distanzierte. Und immer folgte auf das »Hallo« die Frage nach dem Spiel, und ob es nicht endlich angekommen sei.

Daniela und Timo hatten die letzten Tage immer wieder voller Spannung aus dem Fenster geblickt, ob endlich das ersehnte Paket geliefert wird. Doch die Lieferung verzögerte sich immer weiter, und die beiden begannen schon fast an der Existenz des Pakets zu zweifeln. Timo konnte es kaum erwarten, endlich das Spiel in den Händen zu halten. Er hatte schon alle möglichen Szenarien im Kopf durchgespielt: Vielleicht hatte der Postbote das Paket einfach vergessen, oder es war auf dem Weg verloren gegangen, oder es hatte jemand anders angenommen und behalten. Aber Daniela beruhigte ihn immer wieder und sagte ihm, dass sie sicher bald etwas hören würden. Und so vergingen die Tage, bis endlich das ersehnte Klingeln an der Tür zu hören war.

Timo stürmte voller Erwartung zur Tür. Doch zu seiner Enttäuschung war es nicht der erwartete Paketbote, sondern sein Vater, der von einer Geschäftsreise zurückkam.

Timo war enttäuscht, dass das Paket immer noch nicht angekommen war. Es hatte ihn ganz vergessen lassen, wie sehr er seinen Vater vermisst hatte. »Hey, Papa!«, rief er nach ein paar Sekunden und umarmte ihn freudig.

»Hey, Sportsfreund!«, erwiderte Erkan und gab ihm einen Kuss auf die Stirn. »Ich habe euch beide vermisst.«

Daniela grinste. Ihr Mann warf ihr einen fragenden Blick zu, den sie mit einem Schulterzucken beantwortete. Sie hatte ihm am Telefon von dem Spiel erzählt und mit einem Zwinkern wandte er sich an seinen Sohn.

»Kann es sein, dass du etwas bestellt hast?«, fragte Erkan. »Ich habe das hier im Postkasten gefunden.« Er zog ein kleines Paket aus der Aktentasche.

Timo gab ein zischendes »Yesss« von sich und nahm es an sich. Er hüpfte energiegeladen auf und ab, während sich seine Eltern ordentlich begrüßten.

Erkan betrachtete Timo mit einem ähnlichen Ausdruck wie Daniela. Die Energie, mit der er das Paket öffnete und den Inhalt inspizierte, war ansteckend. Am liebsten hätte Daniela noch heute eine Aufgabe erfüllt, nur um diese Freude so lange wie irgend möglich zu bewahren. Erkan legte seinen Arm um seine Frau, lehnte sich zu ihr herüber und flüsterte: »Gut gemacht.«

KATHARINA UND DIE DREHSCHEIBE

Katharina saß an ihrem weiß lackierten Schreibtisch und starrte auf den Bildschirm ihres MacBooks. Der Raum war still, nur das Klicken der Tasten und das Summen des Lüfters waren zu hören. Sie war vertieft in die Welt der sozialen Medien und ihrer eigenen Präsenz dort.

Sie hatte einen erfolgreichen Kanal aufgebaut, auf dem sie über ihr Leben und ihre Gedanken postete. Ihr neuer Beitrag, auf dem sie sich in einem blauen Etuikleid zeigte, hatte fast einhundert positive Kommentare erhalten, die sie innerlich aufblühen ließen. Es war ein Gefühl der Anerkennung, das sie in der realen Welt niemals bekommen hätte. Würde sie dasselbe Kleid in einem Raum mit zweitausend Menschen tragen, würde ihr vermutlich nur Gregor ein Kompliment aussprechen. Aber auf Instagram scheute man sich nicht, ihr zu sagen, wie toll sie aussah, wie inspirierend ihre kurzen Texte waren oder wie gut die Farbe zu ihren roten Haaren passte.

Katharina scrollte durch die Kommentare unter dem Post und lächelte. Einige Follower hatten ihr sogar in privaten Nachrichten geschrieben, wie sehr sie ihre Bilder und ihre Art zu schreiben mochten. Sie genoss diesen Moment der Bestätigung. Die Anerkennung, die ihr die Fremden zukommen ließen.

Doch er war sofort vorüber, als die Tür zum Büro aufging und Gregor seinen Kopf durch den Spalt steckte. Katharina sah auf. Er grinste und ließ mit einem leisen »Na?« frech die Brauen hüpfen.

»Was ist denn?«, fragte sie.

»Hast du schon mal aus dem Fenster gesehen?«

Sie wandte den Kopf zum bodentiefen Fenster, das einen herrlichen Blick auf den Stadtpark bot. Es schneite. »Ja und?«

Gregors Grinsen wurde breiter. »Komm, wir gehen spazieren.«

Katharina seufzte lautlos und stieß sich vom Schreibtisch ab. Wenige Minuten später wickelte sie sich einen dicken Schal um den Hals, knöpfte sich den Mantel zu und zog sich eine Wollmütze tief ins Gesicht. Sie steckte sich ihr Handy in die Manteltasche und folgte Gregor aus dem Haus, der schon einige Schritte auf dem Gehsteig getänzelt war.

»Vielleicht gibts in der Stadt schon irgendwo heißen Punsch«, sagte er laut und streckte ihr die Hand entgegen.

»Ich hab meine Geldtasche nicht dabei«, murmelte sie trotzig und hakte sich bei ihm unter.

Die kalte Winterluft biss in ihre Wangen. Es war der erste Schnee des Jahres, und Gregor konnte es offenbar kaum erwarten, durch die verschneiten Straßen zu schlendern.

Katharina atmete tief ein und schloss die Augen, um den Moment vollständig aufzusaugen. Es war ein Moment der Stille und des Friedens, als ob die ganze Welt für kurze Zeit den Atem anhielt, um den Schnee zu begrüßen.

Die beiden wanderten durch die Straßen der Stadt. Die Schneeflocken wirbelten um sie herum und tanzten zu einem unsichtbaren Rhythmus. Es war ruhig, fast verlassen, und es schien, als ob der Schnee die Stadt in eine andere Welt verwandelt hatte.

Sie liefen an den Gebäuden vorbei, betrachteten das Spiel von Licht und Schatten auf den schneebedeckten Oberflächen.

Allein wäre Katharina nie auf die Idee gekommen, aber an dieser Stelle musste sie sich eingestehen, dass es ein wundervolles Gefühl war. Gregors warme Hand zog sie sanft vorwärts. Aber er hatte bei ihrem letzten Streit etwas gesagt, was sie seither beschäftigte. Er war nicht für ihr Glück verantwortlich. Vor einigen Tagen waren die ersten Fotos in der Gruppe aufgetaucht, von den anderen, die ihren Aufgaben des Kartendecks nachkamen. Stephan, der sein Bild gemalt hatte. Erik, der seinen geraden Weg gewandert war und Daniela, deren Bild sie mit ihrem Sohn und Mann zeigte, die sich das ganze Spiel gekauft hatten, um jedes Erlebnis abzuarbeiten. Drei Bilder. Fünf strahlend lächelnde Menschen, die mit ihren Entscheidungen glücklich waren.

Katharina warf einen verstohlenen Blick auf Gregor. Er sah sich zufrieden grinsend nach allen Seiten um, setzte schwungvoll ein Bein vor das andere. Als ginge er auf Federn. Seine gute Laune hätte im besten Fall ansteckend sein können, aber Katharina empfand sie als anstrengend. Sie ärgerte sich sogar darüber, dass er so fröhlich war. Es war Neid, dessen war sie sich bewusst. Was nicht bedeutete, dass sie an ihren Gefühlen etwas ändern konnte.

Sie war auch neidisch auf Daniela, Stephan und Erik. Hätte sie ihre Karte selbst ausgesucht, hätte sie die Aufgabe sicherlich vor ihnen erledigt. Katharina verzog das Gesicht. Sie wunderte sich über ihre negativen Gedanken. Es war kein Wettbewerb, aber warum fühlte es sich dann so an?

»Schau mal, Kit Kat!«

Gregors klare Stimme riss sie aus den Gedanken. Sie sah auf. Sofort fiel ihr Blick auf das imposante Gebäude aus rotem Backstein und weißem Sandstein. Die großen, schmiedeeisernen Türen wirkten wie ein Tor zu einer anderen Welt. Vor dem Bahnhof lag ein breiter Vorplatz, auf dem der Schnee von den vielen Reisenden zu Matsch getreten worden war. Hier und da fuhren Busse und Taxis vor, während die Menschen hektisch hin und her eilten, um ihre Züge zu erwischen.

»Zwar kein Punsch, aber was hältst du von einem Becher Kaffee?«

»Das klingt nach einer guten Idee«, antwortete sie. Trotz der Handschuhe schrien ihre Finger nach Wärme.

Im Inneren des Bahnhofs herrschte eine geschäftige Atmosphäre. Die hohen Decken und die großen Fenster ließen viel Licht in den Raum, sodass man sich fast wie unter freiem Himmel fühlte. Die Wände waren mit hellen Kacheln verkleidet und mit den Hinweisschildern der Bahnsteige und Richtungen ausgestattet. Es gab eine Buchhandlung, einen Drogeriemarkt, einen Blumenladen und mehrere Cafés und Imbisse.

Katharina und Gregor atmeten tief ein und genossen den Duft von frischem Kaffee und warmen Brezeln, der in der Luft lag. In der Ferne hörten sie das Rattern eines Zuges und das laute Durchsagen des Bahnhofspersonals. Es war ein Ort voller Leben und Abenteuer. Hunderte Menschen. Hunderte Geschichten. Jeder war der Hauptdarsteller in seinem eigenen Leben voller Träume und Hoffnungen. In Katharinas Leben war sie ihrer Empfindung nach nur Nebendarstellerin.

Gregor zog sie zu dem französisch ausgelegten Bistro. Kleine weiß lackierte Metalltischchen und Stühle, auf denen blumige Kissen lagen. Er bestellte zwei Becher Kaffee und ein Croissant, das er unverzüglich an Katharina weiterreichte mit einem liebevollen Zwinkern.

Ein weinendes Kind zog Katharinas Aufmerksamkeit auf sich. Sie folgte der Mutter, die den Kinderwagen schob, mit ihrem Blick. Wie in Trance bewegte sie sich einige Schritte von dem Bistro in die Halle. Von der Ruhe in den Wirbel. Mit einem Mal befand sie sich im Zentrum der Menschen, die alle ihrem Weg nachgingen. Sie kamen von irgendwoher, nur um an dieser Stelle irgendwo anders sein zu wollen. Dieser Ort hier war bloß für die

Reise wichtig, eine Zwischenstation, kein Ziel. Eine Drehscheibe zwischen Vergangenem und Zukünftigem. Katharina kam es vor, als wäre sie auf ihrer eigenen kleinen Drehscheibe einfach stehen geblieben und betrachtete von hier aus, wie die Welt sich um sie herum bewegte. Wieder tat sie einen Schritt bei dem Versuch, aus dem Kreis auszubrechen, aber eine Hand hielt sie am Oberarm zurück.

»Kit Kat?«, fragte Gregor.

Katharina sah ihn entgeistert an.

»Alles in Ordnung?«

Das kleine Wort »Ja« lag ihr schon auf der Zunge, aber im letzten Moment tauschte sie es gegen ein scharf gesprochenes »Nein«.

Gregor nahm seine Hand zurück und hob die Brauen. »Nein?«, wiederholte er ungläubig.

Katharina sah auf den Kaffee und das warme Croissant, die sie wie Zepter und Reichsapfel vor sich hielt. Zeichen der Abhängigkeit!, dröhnte es theatralisch in ihrem Kopf.

»Was ist denn los?«, bohrte Gregor nach, jetzt lag endlich echte Sorge in seiner Stimme.

»Ich gehe«, sagte Katharina.

»Wohin?«

Gregor verstand ihre Gedanken nicht. Auf ihn musste sie wie eine Irre wirken.

»Ich weiß nicht«, antwortete Katharina. Sie sah sich nach den Bahnsteigen um. »Ich werde in einen Zug steigen.«

»Aber Katharina, wo willst du –«

»Ich werde jetzt meine Aufgabe erledigen.«

»Welche Aufgabe?«

Es wunderte sie nicht, dass er sich nicht daran erinnerte, welche Bürde er ihr ganz beiläufig auferlegt hatte. Aber Katharina kannte den kurzen Schriftzug in- und auswendig.

»*Setze dich spontan in den Flieger oder Zug*«, wiederholte sie wahrheitsgemäß.

»Von dem Kartenspiel?« Der sorgenvolle Unterton war verschwunden. An seine Stelle war Spott getreten. »Ist das dein Ernst?«

»Absolut.«

Gregor lachte. Katharinas Gesicht verfinsterte sich ein wenig.

»Du hast mir die Karte doch ausgesucht!«, sagte sie laut.

»Ja, ich weiß.«

»Warum ist es dann ein Problem für dich?«

Wieder lachte er. »Ist es doch gar nicht. Ich will nur wissen, wohin du fährst.«

»Ich steige in den nächsten Zug, der diesen Bahnhof verlässt«, sagte Katharina entschieden und warf einen Blick auf die große, digitale Anzeige über dem Bistro.

»Dann beeil dich besser«, meinte Gregor, ebenfalls den Kopf nach oben gerichtet. »In drei Minuten von Gleis sieben.«

»Gut.« Katharina setzte an.

Gregor hielt sie zurück. »Darf ich mitkommen?«, fragte er frech und als wäre nur ein »Ja« eine akzeptable Antwort.

»Nein.« Katharina riss sich los. Nun lächelte sie.

»Warum denn nicht?« Mit hochgezogenen Augenbrauen wunderte er sich, dass sie ihm die Bitte tatsächlich abschlug.

»Du bist nicht für mein Glück verantwortlich.«

Etwas vor den Kopf gestoßen gab Gregor zurück: »Aber das bedeutet nicht, dass ich nicht gerne daran teilhaben möchte.«

Katharina zog sich der Magen zusammen. Nun tat es ihr leid. Aber sie hatte den Entschluss gefasst, diese Reise allein zu unternehmen. Und wenn sie nur am anderen Bahnhof aussteigen würde, um sich sofort in den Zug nach Hause zu setzen.

Sie atmete tief durch, lehnte sich zu Gregor, um ihm einen Kuss zu geben, und verließ ihn.

In schnellen Schritten, ohne sich noch einmal nach ihrem Mann umzusehen, schlug sie den Weg zum Gleis Nummer sieben ein. Katharina stürmte über den Bahnsteig, ihr Herz schlug wild. Sie hatte eine Entscheidung getroffen, aber je näher sie dem Zug kam, desto unsicherer wurde sie. War es wirklich der richtige Weg, den sie einschlug? Wäre es nicht besser gewesen, noch einen Moment länger zu warten und nachzudenken?

Sie schloss die Augen und atmete tief durch. Der Wind streifte ihre Haut und sie hörte das Rauschen der vorbeifahrenden Züge. So kalt ihr zuvor gewesen war, so heiß war ihr jetzt. Ein innerer Konflikt tobte in ihr. Sie öffnete die Augen und sah den Zug vor sich. Ein lauter Pfiff mahnte die Einsteigenden, sich zu beeilen. Katharina schluckte. Das war ihre Chance, ihr Leben zu ändern. Sie musste es einfach wagen.

Mit einem letzten zögerlichen Blick zurück nahm sie all ihren Mut zusammen und sprang in den Zug, gerade, als die Türen sich schlossen. Es war eine Reise ins Unbekannte, die ihr ein Gefühl von Leben einhauchte, als wäre sie bisher nur betäubt umhergewandelt.

In den sanften Erschütterungen, die den Zug beim Beschleunigen beherrschten, suchte Katharina nach einem freien Platz und ließ ihren Blick über die Reisenden schweifen. Da war ein älterer Mann, der eine Zeitung las, eine junge Frau, die auf ihrem Smartphone tippte, und ein Paar, das sich angeregt unterhielt. In der Ecke saß eine ältere Dame, die in ein Buch vertieft war. Der Geruch von Kaffee und Parfüm hing in der Luft und zusammen mit dem steten Summen des Zuges ergab sich eine Gemütlichkeit, die die Anspannung aus Katharinas Muskeln nach und nach löste.

Eine Frau in der Nähe öffnete ihr Lunchpaket und der Duft von Käse und Schinken stieg in Katharinas Nase. Diese hielt immer noch Kaffee und Croissant in Händen, wobei das Croissant ziemlich in Mitleidenschaft gezogen worden war. Beim schnellen Laufen und vor lauter Nervosität hatte sie die vielen luftigen Teigschichten zu einem wurstförmigen Gebäck gedrückt.

Katharina fand einen freien Platz bei dem Herrn mit der Zeitung und einer jungen Frau, die mit ihrem Telefon Musik hörte. Große, grellpinke Kopfhörer schirmten sie vom Rest der Welt ab. Katharina betrachtete die Menschen um sie herum. Sie konnte nur erahnen, welche Geschichten sich hinter den Gesichtern der Reisenden versteckten, die sie umgaben.

Der Zug hatte den Bahnhof hinter sich gelassen. Sie dachte daran, wohin die Reise sie führen und was sie erwarten würde, wenn sie an ihrem Ziel ankam. Und etwas, worüber sie womöglich früher hätte denken sollen: Sie hatte keine Fahrkarte, würde diese beim Schaffner kaufen müssen. Doch für den Moment ließ sie sich einfach von der Bewegung des Zuges und dem Rhythmus der Schienen wiegen.

Der Zielbahnhof war Wien. Das hatte sie an der digitalen Anzeige gesehen. Und das war alles, was sie bis jetzt wissen musste. Katharina legte den Kopf in den Nacken und versuchte, sich zu entspannen. Sie hatte das unbändige Bedürfnis, ihr Handy aus der Tasche zu holen, aber sie scheute sich davor, eine Nachricht von Gregor zu lesen. Fünfzehn Minuten später hielt sie es nicht länger aus. Und tatsächlich war sein Name das Erste, was sie sah, als das Display sich erhellte. Mit einem flauen Gefühl im Magen öffnete sie die Nachricht. Dann lächelte sie.

»Ich bin stolz auf dich. Gute Reise«, las sie.

STEPHAN UND DER WEG GERADEAUS

Stephan lehnte sich zurück. Zufrieden ließ er das Handy sinken. Er hatte das neue Bild in der Gruppe betrachtet, das Daniela und ihre Familie mit der Schachtel des *Bucketlist-Kartenspiels* mit dem gelben Herz und Smiley zeigte. Obwohl er nichts zu ihrer Freude beigetragen hatte, fühlte er sich daran beteiligt. Er nahm einen großen Schluck Kaffee und schob das Telefon auf der Tischplatte von sich.

Der Sonntagmorgen war für Stephan immer eine Zeit der Entspannung und Ruhe. Während er gemütlich in den Tag glitt, beobachtete er seine beiden Söhne, die im Wohnzimmer herumtobten. Es war ein wildes Spiel, das sie spielten, aber es machte ihm nichts aus. Er genoss es, seine Kinder glücklich zu sehen, und es war schön, zu wissen, dass sie so viel Energie hatten.

Seine Frau war im Gegensatz dazu nicht so entspannt. Sie versuchte verzweifelt, das Chaos im Wohnzimmer zu beseitigen. Sie hatte Spielzeug, Bücher und Kleidung aufgehoben und auf den Tisch gestellt, wo alles nach kurzer Zeit wieder von den kleinen flinken Klauen der beiden Jungs im Raum verteilt wurde.

Stephan lächelte bei dem Gedanken, wie sehr Melanie ihn an seine eigene Mutter erinnerte. Sie war eine unglaublich fleißige Frau und tat immer alles, um sicherzustellen, dass das Haus in Ordnung war. Aber heute schien sie zu kämpfen.

»Wie kann ich dir helfen?«, fragte Stephan und stand auf.

»Oh, danke«, antwortete Melanie erleichtert. »Ich weiß nicht, was mit diesen Teufeln los ist. Sie haben heute Morgen so viel Energie.« Sie strich sich mit dem Ärmel über die Stirn. Unter dem Arm hatte sie die Kissen geklemmt, die sie wieder vom Boden aufgehoben hatte.

Stephan lachte. »Noah! Bastian!«, rief er mit dunkler, aber freundlicher Stimme durch das Haus.

Den Geräuschen nach zu urteilen, hatten die beiden Racker ihr Toben in den ersten Stock verlegt, wo ihre kleinen, trampelnden Füße nun den Boden erschütterten. Nachdem sie die Stimme des Vaters gehört hatten, war es eine Sekunde mucksmäuschenstill, dann setzte der Sturm ein, mit dem sie über die Treppe nach unten jagten. Erst direkt vor Stephans Füßen hielten sie. Wie stramme, kleine Soldaten erwarteten sie einen Befehl.

»Zähne geputzt?«, fragte er sie.

Die beiden tauschten Blicke und schüttelten dann den Kopf. Ihre hellen Haare wackelten einheitlich.

»Dann los, damit wir dann aufbrechen können.«

Nun sahen ihn drei Augenpaare fragend an.

»Was macht ihr denn?«, fragte Melanie.

»Das ist eine Überraschung für jeden, der in fünf Minuten mit geputzten Zähnen vor mir steht.«

Sofort schossen die beiden Kinder davon. Ein Wettlauf über die Treppe nach oben, die Badezimmertür flog mit lautem Knall gegen den Stopper aus Kunststoff an der Wand und dann hörte man das Wasser rauschen. Stephan trat an den Tisch zurück und leerte seine Kaffeetasse.

»Du hast noch keine Ahnung, was du machen willst, oder?«, meinte Melanie und grinste.

»Nein. Aber gleich.« Stephan nahm sein Handy zur Hand. Er gab *»Bucketlist Kartenspiel«* in das Google-Suchfeld auf der Startseite und landete auf der Website des Spiels.

Melanie stellte sich neben ihn und warf einen Blick auf die Website. »Ist das nicht das Spiel, das ihr gespielt habt?«, wollte sie wissen.

Stephan nickte und scrollte durch die Erlebnisse. »Eine aus unserer Gruppe hat sich das Spiel gekauft und will jede Aufgabe erledigen.«

»Jede?«

Wieder nickte Stephan, zuckte dazu aber die Achseln.

»Na, viel Spaß beim Fallschirmsprung«, meinte Melanie und deutete mit dem Finger auf ein Bild der Website.

»Fertig!«, riefen die beiden Kinder vom oberen Ende der Treppe wie aus einem Munde.

Stephan ordnete feste Kleidung an und darauf folgte wieder hastiges Getrappel. Er entschloss sich, ebenfalls eine Luftlinienwanderung zu machen. Noah und Bastian waren gern draußen. Nässe und Kälte machte ihnen nichts aus und Melanie würde ein paar Stunden für sich haben.

Während auch er sich für den Ausflug fertigmachte, räumten die Jungs den Großteil ihrer Spielsachen zurück ins Kinderzimmer.

Die Stelle, die Stephan ausgewählt hatte, lag nicht weit entfernt und würde am Haus seiner Eltern enden, wenn sie tatsächlich eine gerade Linie schafften. Als Belohnung würde es heiße Schokolade geben.

»Ganz geradeaus, okay?«, rief Stephan in den Wald. Er zog die Kapuze seines dicken Wintermantels über den Kopf und atmete den kühlen, frischen Duft des Waldes ein.

Es war ein spätherbstlicher Tag und die Blätter der Bäume waren größtenteils bereits gefallen, doch es gab immer noch genug Farbenpracht, um das Auge zu erfreuen. Die beiden Jungs liefen vor ihm her und sprangen über die Wurzeln, die aus dem Boden ragten. Sie waren voller Energie und Abenteuerlust. Es ging leicht bergauf und am Ende würden sie einen Mittagschlaf brauchen.

Als sie tiefer in den Wald hinein wanderten, wurde es immer ruhiger und die Geräusche der Zivilisation verblassten. Nur das Knacken von Ästen und das Rascheln von Laub unter ihren Füßen waren zu hören. Stephan tauchte in eine andere Welt. Eine, die ihm und seinen Söhnen gehörte, eine Welt, die sie erkunden und entdecken konnten. Zwar gab es hier keine so großen Steine wie die, die man auf Eriks Bild hatte erkennen können, aber der Wald wies kleine Gräben auf und war mit Bächen geädert. Man hätte sie an günstigeren Stellen queren können, aber sie durften nicht von der Linie abweichen.

Matschiger Boden, Gestrüpp und tief hängende Äste sorgten für das Gefühl eines echten Abenteuers. Sie kämpften sich durch das Dickicht und erreichten schließlich eine Lichtung. Noah und Bastian hüpften vor Freude und rannten voran, um die Landschaft zu erkunden. Stephan folgte ihnen langsamer, aber mit einem Lächeln im Gesicht. Er reckte sein Gesicht in das durchbrechende Sonnenlicht.

Hinter dem letzten Waldstück lag die Siedlung, in der Stephan aufgewachsen war. Zwar brachen sie nicht direkt an seinem Elternhaus aus dem Wald, sondern etwa zweihundert Meter weiter westlich, aber die Kinder erkannten den Ort in dem Augenblick, da ihre Füße von der Wiese auf den Asphalt wechselten.

»Opas Haus!«, rief Noah und riss freudestrahlend den Arm hoch, um auf das alte Einfamilienhaus zu zeigen, das am Ende der Straße lag. Seine Wangen waren purpurrot. Er stieß heißen Atem aus und mit der letzten Energie, die er in seinem kleinen Körper finden konnte, sauste er über den Gehsteig. Bastian hinterher. Er war müde, wirkte aber zufrieden.

Stephans Eltern freuten sich über den Überraschungsbesuch. Imelda bot sofort an, dass sie zum Mittagessen bleiben konnten, aber Stephan lehnte dankend ab. Stattdessen forderte er höflich ein, wofür sie den weiten Weg gekommen waren. Es gab Kakao für die drei Wanderer, die so still bei Tische saßen, dass Imelda Stephans Vater anwies, den Fiebermesser aus dem Badezimmer zu holen. Stephan schickte ein ausgiebiges Gelächter hinterher.

Später ließen sie sich von seinem Vater zurück zum Auto fahren und den ganzen Nachmittag gab es kein Toben oder Streiten. Sie waren ausgepowert. Melanie traute ihren Augen kaum. So wie sie das Haus am Vormittag aufgeräumt hatte, so war es am Abend immer noch, als die Kinder endlich in ihren Betten eingeschlafen waren.

Stephan war ebenfalls müde. Er saß auf dem Sofa und trommelte mit den Fingern gegen seinen Oberschenkel, als warte er voll Ungeduld auf etwas, was noch kommen würde. Er war heute im Wald selbst wieder zum Kind geworden. Trotz der Dusche klebte immer noch ein wenig Harz an seinen Fingerspitzen. Er fühlte es, wenn sich die Haut vom Jeansstoff seiner Hose löste. Er war über Bäche gesprungen, über Baumstämme geklettert. Vor einer Stunde hatte er sich die letzte Tannennadel aus dem Bart gefummelt. Er grinste.

Auf der Website des Kartenspiels hatte er gelesen, dass es vor allem darum ging, das eigene Museum mit Bildern zu füllen. Er überlegte, welche Bilder er im Laufe seines Lebens gesammelt hatte. Heute hatte er viele Fotos gemacht und auf jedem einzelnen war ein lachendes Gesicht zu sehen.

»Welche Bilder würden in deinem eigenen Museum hängen?«, fragte Stephan plötzlich laut.

Melanie, die in eine dicke Decke gekuschelt ein Buch las, sah auf. »Was?«

»Der Satz von der Website. Erinnerst du dich? Mit dem Museum.«

Sie lächelte und strich sich eine Strähne ihres dunkelbraunen Haares hinters Ohr.

»Ist doch ein toller Gedanke, nicht? Auf sowas muss man erst mal kommen«, grübelte Stephan.

»Du solltest wirklich mehr lesen, Schatz.«

»Warum?«

Ohne zu antworten strampelte Melanie die Decke von sich. Sie legte das Buch, Rücken nach oben, auf das Sofa und verschwand. Stephan sah ihr verwirrt hinterher. Kurz darauf kam sie mit zwei Büchern zurück. Er erkannte sie. Sie hatte lange Zeit auf dem Nachttisch gelegen. Melanie nahm eines der drei und reichte es an Stephan weiter. Er besah den bunten Einband.

»*The Big Five for Life*?«, las er.

Melanie erklärte ihm, dass das Buch von John Strelecky voller motivierender Botschaften war. Es zeigte, wie wichtig es war, im Leben Ziele zu haben und danach zu streben, um ein erfülltes Leben zu führen. Sie hatte es von einer Freundin geschenkt bekommen. Aus diesem Buch stammte der Grundgedanke mit dem Museum.

»Aber nicht nur die schönen Erinnerungen landen in deinem Museum«, sagte Melanie. »Wenn du ein Leben voller Streit und unerfüllter Arbeit führst, landen auch diese Bilder dort. Du musst dir also die Frage stellen, welche Bilder du am Ende deines Lebens in deinem Museum sehen möchtest.«

Stephan nickte nachdenklich. Tatsächlich wären bis jetzt nicht viele außergewöhnliche Fotos zu sehen.

»Vielleicht solltest du die lesen«, meinte seine Frau und gab ihm auch das andere Buch.

Der Alchimist. Bestseller. Stephan war kein großer Leser, aber er war neugierig geworden. Der heutige Tag hatte ihm einmal mehr gezeigt, wie sehr er sich ein Feuer in seinem Inneren wünschte, das für etwas brannte. Er schlug die erste Seite auf und begann zu lesen.

KATHARINA UND DIE KONSEQUENZ

Katharina wachte auf, als sie eine Hand auf ihrer Schulter spürte. Verwirrt und noch etwas benommen öffnete sie ihre Augen und sah den Schaffner vor sich stehen. Eine respektable, große Gestalt in Uniform.

»Ihre Fahrkarte bitte«, sagte er bestimmt.

Katharina realisierte schnell, dass sie während der Zugfahrt eingeschlafen war. Die Sitze zu ihren beiden Seiten hatten sich mittlerweile geleert. Alle Müdigkeit verflog, als sie in das strenge Gesicht über sich schaute. Sie rappelte sich hoch, setzte ein freundliches Gesicht auf und sagte: »Entschuldigung, aber ich muss sie bei Ihnen kaufen. Ich war sehr in Eile, als ich –«

»Also haben Sie keine gültige Fahrkarte?«, unterbrach sie der Mann. Er wirkte, als kannte er sämtliche Ausreden.

Katharina schluckte. »Ich dachte, man könnte sie direkt im Zug kaufen.«

»Es kostet 65 Euro, wenn sie keine Fahrkarte haben.«

»Aber kann ich den Fahrschein nicht bei Ihnen kaufen?«

»Doch, aber die Strafe müssen Sie trotzdem zahlen.«

Katharina fühlte sich wie ein kleines Mädchen. Ihr Magen verkrampfte und ihre Knie wurden weich. Andere Menschen wurden auf ihre Misere aufmerksam. In diesem Augenblick bereute sie nichts mehr, als in diesen Zug gestiegen zu sein. Was hatte sie sich nur gedacht? Es war ungerecht und um das Geld ging es ihr gar nicht. Es waren die neugierigen Blicke der anderen Fahrgäste. Ein Junge reckte den Kopf über einen der Sitze. Man hatte aufgehört zu lesen. Ein Mädchen zupfte sich einen Kopfhörer aus dem Ohr, um dem Problem zu lauschen. Um der Situation so schnell wie möglich zu entkommen, willigte sie widerstandslos ein, Strafe und Ticket zu zahlen.

»Wohin fahren Sie denn?«

»Wien«, grummelte Katharina kleinlaut. Dann traf es sie wie ein Blitz. »O Gott«, flüsterte sie. Am liebsten wäre sie im Erdboden verschwunden.

»Das macht 87 Euro.« Der Schaffner drückte auf seinem kleinen Gerät herum und bemerkte Katharinas Drama nicht.

»Ich habe meine Tasche nicht dabei.« Ihre Stimme war kaum mehr als ein Flüstern.

»Ausweis?«

»Nein leider, ich habe nur mein Handy bei mir.«

»Dann hätten Sie das Ticket doch online kaufen können.«

Wie ein enges Band schnürte sich diese Peinlichkeit um ihre Brust und raubte ihr die Luft. »Das hätte ich machen können?«, jammerte sie leise.

»Sie fahren nicht sehr oft mit dem Zug, was?«

»Nie.« Sie senkte den Kopf.

Der Schaffner wies sie an, auf dem Online-Portal die Fahrkarte zu kaufen. Er nahm ihre Personalien auf und teilte ihr mit, die Strafe würde ihr auf dem Postweg zugesendet werden. All das kurz vor ihrem Ziel. Sie erhielt die Bestätigungsmail für die Fahrkarte, kurz bevor der Zug in den Wiener Westbahnhof einfuhr.

Am liebsten hätte sie den Tränen, die sich selbst beim Verlassen des Zuges noch an die Oberfläche zu kämpfen versuchten, freien Lauf gelassen. Aber sie war eine fünfunddreißigjährige Frau. Sie allein hatte sich das eingebrockt.

Beleidigt und wütend stapfte sie den erleuchteten Bahnsteig entlang. Gemeinsam mit unzähligen anderen Menschen, denen es völlig gleich war, was aus ihr wurde. Es war kalt, auch wenn hier von Schnee keine Rede sein konnte.

Der Westbahnhof war ein großer, geschäftiger Bahnhof mit zahlreichen Zügen, die in alle Richtungen abfuhren. Die vielen Reisenden und die lauten Lautsprecherdurchsagen erdrückten Katharina in dieser seltsamen Situation.

Sie verließ das Gebäude und trat auf die Straße hinaus. Froh, der Hektik der Reisenden entkommen zu sein, atmete sie tief durch. Der Lärm und das Gedränge hatten ihre ohnehin schlechte Laune nur noch weiter nach unten gedrückt. Vor dem Bahnhof wartete keine Ruhe. Nach dem ersten Durchatmen fand Katharina sich in einer belebten Fußgängerzone mit vielen Geschäften und Restaurants wieder. Eine einzige Menschenmasse, die sich in beide Richtungen bewegte. Weit und breit kein bekannter Anhaltspunkt.

Das erste Café, an dem sie vorbeikam, hieß sie mit warmer und ruhiger Atmosphäre willkommen. Sie trat ein und fand einen gemütlichen Platz am Fenster, von dem aus sie das Treiben auf der Straße beobachten konnte. Hier würde sie sich sammeln und eine Lösung für ihre Lage finden.

Auf der anderen Seite des Fensters wechselten sich die vorbeiziehenden Menschen ab. Einer nach dem anderen. Unaufhörlich. Ob auch sie manchmal falsche Entscheidungen trafen? Viertausend Follower und doch niemand, den sie um Hilfe bitten konnte. Ihr würde nichts anderes übrig bleiben, als Gregor anzurufen. Er würde sie für immer und ewig damit aufziehen. Deshalb traf sie keine Entscheidungen. Deshalb überließ sie jede noch so kleine Entscheidung anderen. Sie holte das Handy heraus, um ihm zu schreiben. Aber als Katharina die letzten Worte, die er ihr geschrieben hatte, noch einmal las, zögerte sie.

Ich bin stolz auf dich. Gute Reise.

Plötzlich wurde Katharina von einem Gedanken überrascht: Was, wenn es gar keine richtigen oder falschen Entscheidungen gab? Was, wenn alle Entscheidungen einfach nur Erfahrungen waren, die sie auf ihrem Weg sammelte? Vielleicht musste sie nicht den perfekten Weg finden, sondern einfach nur den Mut haben, überhaupt eine Entscheidung zu treffen.

Katharina lehnte sich zurück und sah aus dem Fenster. Die Angst, völlig überstürzt gehandelt zu haben, war immer noch da. Allmählich mischte sich aber auch ein Gefühl der Freiheit hinzu. Vielleicht war es an der Zeit, sich von der Vorstellung zu lösen, dass es einen »richtigen« Weg gab. Und tatsächlich war sie nicht ganz allein in dieser Stadt. Es gab einen Menschen, den sie kannte.

Ohne zu wissen, was genau sie sich davon erhoffte, öffnete Katharina die Mitgliederliste der WhatsApp-Gruppe und drückte auf den Namen Maya. Sie wohnte in Wien. Der Zug hatte sie hierher geführt. Neue Kontakte. Runter von der Drehscheibe, rein ins Leben.

Maya und das Wort »Hilfe«

Maya und ihre beste Freundin Sarah saßen in einem kleinen Wartezimmer, das in sanftes Licht getaucht war. Die Wände waren in einem warmen Beige gestrichen und mit ein paar abstrakten Kunstwerken dekoriert, die ein Gefühl von Ruhe und Gelassenheit ausstrahlten. Auf einem kleinen Tisch standen frische Blumen in einer Vase und ein paar Zeitschriften lagen bereit, um die Wartezeit zu verkürzen. Ein leises Summen aus der Heizung und das Ticken einer Wanduhr waren die einzigen Geräusche in dem Raum. Draußen war es schon dunkel geworden. Der kahle Baum vor dem Fenster wog langsam seine Äste im Wind und leichter Nieselregen sammelte sich geräuschlos an den Fensterscheiben.

Die Psychologin war eine Freundin von Maya. Sie hatte seit Längerem keinen Kontakt zu ihr gehabt und trotzdem einen

Termin außerhalb der üblichen Zeit erwirkt. Die Wartezeiten für einen Termin in vergleichbaren Praxen betrugen mehrere Monaten, wenn kein akuter Notfall vorlag. Sarah zu diesem wichtigen Schritt überzeugt zu haben, erfüllte Maya ein wenig mit Stolz. Es war längst an der Zeit das Stigma für psychologische Hilfe zu beseitigen. Dass diese im 21. Jahrhundert immer noch für viele Menschen unzugänglich oder nicht leistbar war, war Maya unbegreiflich.

Die beiden Freundinnen saßen auf bequemen Stühlen und unterhielten sich leise. Sarah wirkte angespannt und nervös. Sie spielte mit einem gefalteten Zettel in ihrer Hand, zupfte daran herum und riss ihn in kleine Stücke, bis es nur noch ein Haufen Schnipsel war. Maya legte ihre Hand auf Sarahs. Sie wusste, wie schwer es für ihre Freundin sein musste, sich mit ihrer Sexualität auseinanderzusetzen und noch dazu mit einer Fremden darüber zu sprechen. Aber manchmal war genau das der Schlüssel, der Türen zu neuen Blickwinkeln und Gedanken öffnete.

»Ich glaube, ich kann das nicht«, flüsterte Sarah. Ihre blauen Augen weit aufgerissen sah sie zwischen der Tür und Maya hin und her.

»Versuch es doch einfach. Wenn es dir nicht hilft, musst du es ja nicht noch einmal machen.«

»Aber ich weiß gar nicht, was ich sagen soll.«

»Dann lass die Fragen einfach auf dich zukommen. Ihr werdet schon nicht schweigend eine Stunde da drinsitzen.«

Sarah lächelte leicht und atmete tief durch. Die Unsicherheit würde sie noch eine Weile fest im Griff haben.

Als die Tür sich öffnete, klappte Sarahs Faust mit den Schnipseln zu. Die Psychologin begrüßte erst ihre Patientin mit einem höflichen, aber distanzierten Lächeln, und umarmte anschließend ihre Freundin. Sie hatten sich lange nicht gesprochen, geschweige denn gesehen. Dieser Moment gab Sarah Zeit, die Papierschnipsel in den Papierkorb zu schütteln.

Maya begleitete die zwei Frauen bis zur Tür und warf ihr noch einen ermutigenden Blick zu. Es war ein kleiner Schritt auf dem Weg zu sich selbst, aber ein wichtiger. Von da an hieß es warten. Die ersten Minuten des Wartens schienen wie Stunden zu vergehen, und ihre Gedanken kreisten immer wieder um das, was Sarah wohl besprechen musste. Nach einigen durchgeblätterten Zeitschriften landete Maya an ihrem Telefon. Nicht verwunderlich also, dass, als eine unbekannte Nummer sie anrief, sie im Bruchteil einer Sekunde ranging und sich mit ihrem vollen Namen meldete. Einen Augenblick war es still.

»Hallo, hier ist Katharina.«

Maya hob verwundert die Brauen.

»Ich bin irgendwie hier in Wien gestrandet und ich weiß nicht, wen ich sonst anrufen soll«, sagte die Stimme am anderen Ende. Ihre gefasste Tonlage passte nicht zu den dramatischen Worten, mit denen sie ihre Situation beschrieb.

»Was ist denn passiert?«, fragte Maya.

Wieder folgte einige Sekunden keine Antwort. Endlich ein Knurren und dann lag wirklich Emotion in Katharinas Worten.

»Diese alberne Aufgabe!«, stieß es ihr zittrig heraus. »Ich habe mich einfach in einen Zug gesetzt und jetzt bin ich hier und habe überhaupt kein Geld dabei und meine Karten sind alle zu Hause. Und eine Strafe musste ich auch zahlen. Scheiße!«

Maya blies Luft durch ihre Lippen. Wie lange sie wohl mit sich gerungen hatte, bis sie endlich um Hilfe bat. »Schon gut. Ich helfe dir«, sagte sie.

Ein Schniefen rauschte aus dem Smartphone. Dann ein leises aber sehr aufrichtig gemeintes »Danke«.

»Du kannst ein Ticket für den Zug nach Hause auch online kaufen, wenn du die Kreditkartennummern auswendig weißt.«

Katharina lachte auf, meinte dann aber wütend: »Warum scheint das jeder zu wissen außer mir? Aber es fährt heute keiner mehr.«

»Ist ja nicht schlimm«, antwortete Maya.

»Der Nächste geht erst morgen, ich weiß nicht, was ich tun soll. Ich brauche Hilfe.«

Dieser Satz musste Katharina unendlich schwergefallen sein. Um Hilfe zu bitten, war niemals leicht. Und wie Maya Katharina einschätze, gehörte sie wohl zu der Art Mensch, der es besonders schwerfiel. Und noch weniger, wenn man jemanden fragen musste, den man im Grunde gar nicht kannte.

Bewirke mit kleinen Taten Großes.

Maya nahm einen tiefen Atemzug, um sich zu sammeln und verlangte dann dasselbe von der Frau am anderen Ende. Hier ging es nun tatsächlich um etwas. Für Maya stellte sich die Frage nach dem »Ob« nicht, nur die nach dem »Wie«.

»Du bist am Westbahnhof, nicht?«

»Ja«, schluchzte Katharina.

In Mayas Hirn rasten die Gedanken. Sie schob sich mit dem Finger die Brille die Nase hoch und strich das pechschwarze Haar hinters Ohr, wie sie es vor Prüfungen in der Uni getan hatte, bevor der Professor die Anweisung gab, die Zettel umzudrehen. Momente, bevor man das wahre Ausmaß der Herausforderung zu sehen bekam.

»Ich helfe dir, okay? Aber du musst dich beruhigen«, sagte sie mit fester Stimme. »Ich kann dir zwei Lösungen anbieten.«

»Okay.«

»Also, du kannst natürlich bei mir bleiben heute Nacht. Ich habe aber nur eine Couch und morgen früh begleite ich dich zum Bahnhof und helfe dir beim Ticketkauf. Oder wenn dir ein Hotel lieber ist, dann kann ich es für dich bezahlen und du überweist es mir zurück, wenn du wieder zu Hause bist.«

Eine ganze Weile folgte nichts. Kein Wort, kein Geräusch. Maya sah Katharina vor ihrem geistigen Auge, wie sie verloren unter einer Straßenlaterne stand und nicht glaubte, dass ihr jemand half.

»Katharina?«, fragte Maya verunsichert. »Nach Hause fahren kann ich dich nicht. Ich habe kein Auto.«

Maya hörte, wie sie sich die Nase putzte.

»Ich weiß nicht, was ich sagen soll. Das ist so unglaublich nett von dir. Du kennst mich doch kaum. Ich möchte dir keine Umstände bereiten.«

»Was wäre ich für ein Mensch, wenn ich dir nicht helfen würde?«, scherzte Maya. Sie lächelte. »Komm mit zu mir und wir machen das Beste aus deiner Situation.«

»Okay. Danke Maya.«

»Schon gut.«

»Nein, ist es nicht. Ich danke dir wirklich.«

Mayas Lächeln wurde breiter. Sie fühlte sich wie eine Heldin, sprach das aber nicht aus. Stattdessen erklärte sie Katharina, wie sie auf schnellstem Wege zu ihrer Wohnung gelangte. Wenn Sarahs Sitzung pünktlich endete, würden sie in etwa zur selben Zeit ankommen.

Dies war der Fall. Die Tür zum Therapiezimmer öffnete sich und Sarah kam heraus. Maya sah sofort, dass sie geweint hatte – ihre Augen waren rot und geschwollen, und ihr Gesicht war noch nass von den Tränen. Doch trotz allem wirkte Sarah auf eine gewisse Weise erleichtert, fast als ob eine Last von ihr abgefallen wäre. Sie nahm das Taschentuch, das sie in ihrer Hand zu einem kleinen Ball geknüllt hatte, und wischte sich die letzten Tränen aus den Augen, bevor sie auf Maya zukam. Sarah. Sie lächelte.

»Es war gut«, gestand sie leise. Die beiden umarmten sich.

Maya konnte Sarahs Herzschlag spüren, der langsam wieder zur Ruhe kam.

»Danke, dass du auf mich gewartet hast«, sagte Sarah mit einem leichten Lächeln auf den Lippen. »Ich habe noch einen weiten Weg vor mir, aber ich denke, es ist das Richtige für mich.«

Maya konnte die Erleichterung in Sarahs Stimme hören. Wieder schwoll ihre Brust vor Stolz an. Sie liebte es, anderen zu helfen, dessen wurde sie sich heute mehr denn je bewusst.

Auf dem Weg nach draußen bat Maya Sarah, ihr alles zu erzählen. Etwas, was sich die Freundin nicht zweimal sagen ließ. Die Worte strömten aus ihr heraus wie ein reißender Fluss, der sich endlich seinen Weg gebahnt hatte. Sie erzählte von den tief verwurzelten Ängsten und Unsicherheiten, die sie seit Jahren belasteten und die sie nie wirklich losgeworden war. Doch in dieser einen Stunde hatte sie das Gefühl, dass etwas in ihr aufgebrochen war. Sie erzählte, wie sie zu Anfang versucht hatte die Tränen zurückzuhalten, aber es war aus ihr herausgebrochen und es hatte sich so unendlich gut angefühlt, sie loszuwerden.

»Maya, ich danke dir so sehr dafür, dass du mir gezeigt hast, dass es okay ist, sich Hilfe zu suchen«, sagte Sarah. Ihre Schritte waren federnder. Ihre Stimme fester. Ihr Blick klarer. Sie strahlte vor Zuversicht. »Ich hatte immer das Gefühl, dass ich schwach bin, weil ich mich nicht allein aus meinen Problemen befreien konnte. Aber du hast mir gezeigt, dass es nichts gibt, wofür man sich schämen muss.«

Maya schloss ihre Freundin noch einmal in die Arme. Sie war stolz auf Sarah und bewunderte ihre Stärke, ihre Emotionen so offen zu teilen. »Du bist unglaublich mutig, Sarah«, flüsterte sie.

»Danke, dass du mir immer wieder hilfst. Du hast mir durch die Scheidung geholfen, lässt mich bei dir wohnen und nun hilfst du mir sogar auf dem Weg in mein Innerstes. Wenn jemand unglaublich ist, dann bist du es. Du bist immer zur Stelle, wenn jemand Hilfe braucht.«

Ein gerührtes Lächeln huschte über Mayas Gesicht. Ein passender Übergang würde sich nicht bieten. »Ja, apropos Hilfe«, setzte sie vorsichtig an. »Ich hab heute noch jemandem meine Hilfe angeboten.«

Sarah, die auf der Rolltreppe eine Stufe unter ihr stand und trotzdem fast auf Augenhöhe war, hob verwundert die Brauen.

»Erinnerst du dich an Gregors Frau Katharina?«

Sarah nickte. Maya erklärte ihr, was vorgefallen war, und dass sie für heute Nacht einen Gast bei sich hatten. Daran, dass es ein Problem für eine von beiden sein könnte, hatte Maya bis jetzt nicht gedacht. Aber Sarah äußerte keinerlei Bedenken. Sie meinte nur, sie sei ebenfalls nur Gast in Mayas Wohnung – was nicht stimmte, denn sie beteiligte sich vom ersten Tag an, an der Miete – und müsse ohnehin alles akzeptieren. Sie lachten unbekümmert und fuhren nach Hause.

KATHARINA UND DIE EINSICHT

Katharina stand vor Mayas Wohnungstür und atmete tief ein, dankbar für das Angebot, hier übernachten zu können. Ob es das am wenigsten aufdringliche Angebot war, würde sich zeigen. Vielleicht hätte sie in ein Hotel gehen sollen. Aber das kam ihr auch falsch vor. So oder so, unangenehmer konnte dieser Abend nicht werden.

Katharina klopfte an die Tür. Als sie nach innen aufschwang strahlte ihr Mayas rundliches Gesicht inmitten der üppigen Locken entgegen. Selten war sie freundlicher begrüßt worden. Katharina reicht ihr die Hand, Maya ergriff sie, zog sie in die Wohnung und umarmte sie wie eine enge Freundin. Etwas perplex erwiderte Katharina die herzliche Geste, wenn auch etwas zurückhaltender.

»Perfektes Timing«, meinte Maya. »Wir sind auch gerade gekommen.«

»Wir?«, fragte Katharina vorsichtig.

Aber die Frage beantwortete sich selbst. Hinter Maya stand eine große, schlanke Frau in ihrem Alter.

»Das ist meine Freundin Sarah«, meinte Maya und ließ von Katharina ab. Sie rückte sich ihre goldene Brille zurecht und bat den neuen Gast ins Wohnzimmer.

Das kleine Apartment bestach durch Gemütlichkeit. Bunte Kissen und ein weicher Teppich unter dem Sofa markierten das Zentrum der Wohnung.

Während Katharina sich von ihren Wintersachen befreite, bot Maya ihr etwas zu trinken an und Sarah setzte sich schon mal auf das Sofa. Sie war hübsch, mit langen braunen Haaren und blauen Augen. Sarah wirkte selbstbewusst, ohne arrogant zu sein, und hatte eine Ausstrahlung, die Katharina faszinierte.

Das Unbehagen, das diese Situation in Katharina auslöste, verschwand nur sehr langsam. Nie und nimmer wäre sie ohne diese alberne Karte in einer solchen Lage gelandet. Aber so war es nun einmal. Sie wollte von der Drehscheibe springen und war jetzt gelandet. Dass sie hier übernachten durfte, war Grund genug, über ihren eigenen Schatten zu springen.

Maya entging nicht, dass Katharina nervös war, und sie sagte: »Sarah ist meine Mitbewohnerin. Ich hoffe, das ist in Ordnung für dich.«

Katharina nickte nur und versuchte, ein freundliches Gesicht zu machen.

»Maya hat mir erzählt, dass du deine *Bucketlist*-Aufgabe erledigen wolltest«, sagte Sarah.

»Ja, nur hab ich das Wort *spontan* wohl ein wenig zu ernst genommen.«

Beide lachten verhalten. Maya servierte heißen Tee mit der Mahnung, ihn noch ziehen zu lassen. Sie setzte sich zu ihnen und wechselte neugierig den Blick zwischen den beiden.

»Möchtest du uns erzählen, was passiert ist?«

Katharina sog die nach Kräutern duftende Luft in die Lunge, nahm ihren Mut zusammen und berichtete aufrichtig von ihrem Abenteuer. Mit jedem Wort kam ihr ihre Misere alberner vor und am Ende der Erzählung scherzte sie sogar über ihre eigene Unbedachtheit. Sich den beiden Frauen gegenüber zu öffnen, fiel ihr von Minute zu Minute leichter. Maya und Sarah hörten ihr zu, nicht nur ihren Worten.

Katharina sprach sich mehr von der Seele, als sie geplant hatte. Von ihrer Ehe, die in letzter Zeit schwierig geworden war, weil sie einfach keine Energie mehr für Gregor hatte. Von ihrem Job, der sie immer mehr auslaugte. Und von dem Gefühl, dass sie nichts wert war und nie etwas erreichen würde.

»Du musst aufhören, dich so kleinzumachen«, sagte Maya und strich ihr beruhigend über den Arm. Die Berührung fühlte sich etwas befremdlich an, aber sie war lieb gemeint. »Du bist genauso wichtig wie jeder andere in deinem Leben. Wenn du immer nur zurücksteckst, wird es dir irgendwann nicht mehr gut gehen. Du musst dir selbst mehr Bedeutung geben. Was möchtest du eigentlich? Du bist nicht nur Gregors Ehefrau, du bist auch eine

Frau mit eigenen Bedürfnissen und Wünschen. Vielleicht solltest du dir etwas Zeit für dich selbst nehmen und dich darauf konzentrieren, was du brauchst, um glücklich zu sein. Was sind deine Ziele und Träume?«

Katharina dachte eine Weile nach. Sie hatte sich lange nicht mehr damit beschäftigt, was sie wirklich wollte. Dass Maya recht hatte, wusste sie, aber sich selbst an erste Stelle zu setzen, hatte Katharina noch nie gemacht. Sie war immer eine Mitläuferin gewesen. Eine Nebenrolle in ihrem eigenen Leben.

»Ich weiß einfach nicht, was mit mir los ist«, sagte sie. »In letzter Zeit fühle ich mich müde und lustlos. Und ich weiß, dass es Gregor auch belastet.«

Maya knurrte. »Aber hier geht es doch gar nicht um ihn, wenn du ehrlich bist. Sprich mit Gregor und sag ihm, dass du Zeit für dich brauchst. Und wenn er das nicht akzeptiert, dann ist das sein Problem, nicht deins.«

»Irgendwoher muss dieses Verhalten doch kommen«, meinte Sarah ruhig.

Katharina überwand sich zu einer weiteren Portion Aufrichtigkeit. Was hatte sie schon zu verlieren? Keine der beiden würde ihn vermutlich jemals treffen. Also erzählte sie von Gregors Familie und wie schwer es für ihn war, ohne Vater aufzuwachsen. Wie sehr er sich bemühte, seine Familie zu schützen und immer das Beste für alle zu wollen.

»Sein Vater hat die Familie verlassen, als er noch ein Kind war. Das hat ihn sehr geprägt und vielleicht erklärt es auch einiges über seinen fordernden Charakter. Er versucht immer, alles unter Kontrolle zu haben, weil er Angst hat, verletzt zu werden oder wieder jemanden zu verlieren, der ihm wichtig ist.«

Während Katharina erzählte, merkte sie, wie sich ein neues Bild von Gregor vor ihr auftat. Sie hatte nie darüber nachgedacht, dass seine Vergangenheit ihn so stark beeinflussen könnte. Aber mit jedem Wort, das sie selbst laut aussprach, wurde es ihr klarer und klarer. Er ließ sich Zweifel niemals anmerken. Weder im Umgang mit ihr noch wenn er mit seiner Familie zusammen war. Ihn und seine Schwestern verband ein enges Band. Und seine Mutter behandelte er ebenso liebevoll wie Katharina.

Liebevoll.

Ja das war das Wort, mit dem sie ihn beschreiben würde. Sie dachte an die Nachricht, die er ihr geschrieben hatte, obwohl sie ihn einfach hatte stehen lassen. Vielleicht stand sie tatsächlich auf einer Drehscheibe und betrachtete das Leben von diesem Punkt aus, aber Gregor schleifte diese Drehscheibe mit sich. Trat sie davon herunter, würden sie womöglich Seite an Seite weitergehen.

»Das ist keine Entschuldigung für Egoismus. Wahrscheinlich fragt er sie nicht mal, wie es ihr geht, wenn sie nach Hause kommt«, sagte Maya forsch.

»Doch«, murmelte Katharina leise.

Die beiden anderen Frauen sahen sie an. Maya verwundert. Sarah mild lächelnd.

»Er fragt mich jeden Tag, wie mein Tag war.«

»Aber das ist doch gut«, gab Sarah zurück.

Das Gespräch erreichte neuen Tiefgang. Maya veränderte ihre Sitzposition. Sie wirkte bereit für eine Grundsatzdiskussion.

»Ich habe nur nie das Gefühl, dass ihn die Antwort wirklich interessiert. Es ist, als würde er mich nur fragen, um die Frage auf seiner To-Do-List abhaken zu können.«

Mayas Brauen schnellten nach oben. »Hat er so was etwa mal angedeutet?«, fragte sie verwundert.

»Nein«, beschwichtigte Katharina rasch.

»Dann ist es doch nicht fair. Deine Gedanken kann er nicht kennen und du die seinen auch nicht«, sagte Sarah.

»Wenn er dich das nächste Mal fragt, wie dein Tag war, dann antworte darauf nicht nur pauschal. Du kannst ja versuchen, deine Gefühle auszudrücken«, meinte Maya und zuckte mit den Schultern. »Vielleicht überrascht er dich ja mit seiner Reaktion.«

Eine Überraschung war es jedenfalls, zu welch einer gemütlichen Runde sich dieser Abend entwickelte. Man hätte meinen können, dieses eher deprimierende Gespräch hätte ein frühes Zubettgehen und gedrückte Stimmung mit sich gezogen, aber das Thema wechselte. Nach einer Stunde wurde der Tee gegen Wein getauscht und als ein Foto in der *Bucketlist-Kartenspiel*-Gruppe aufpoppte, das Daniela und ihren Sohn Timo beim Entdecken eines Geocaching-Schatzes zeigte, waren die Sorgen von jedem einzelnen in den Hintergrund geraten. Sie beschlossen ebenfalls ein Selfie zu teilen. Es war das Beweisfoto für Mayas und für Katharinas Aufgabe.

Bis spät in die Nacht wurde gelacht und gescherzt. Die drei Frauen tauschten Weisheiten und Albernheiten zu gleichen Teilen aus. Die Erkenntnis, dass es sich bei Maya und Sarah um ganz besonders herzliche Menschen handelte, hatte nichts mit dem Wein zu tun. Gegen Mitternacht hörte Katharina sich sagen, wie froh sie war, in diesen Zug gestiegen zu sein. Und es war zwei Uhr morgens, als Maya ihr eine frische Bambuszahnbürste überreichte und Katharina eine neue Freundin in den Arm nahm.

Sie versprachen sich am nächsten Morgen, in Kontakt zu bleiben. Alle drei. Und sie alle meinten es ernst.

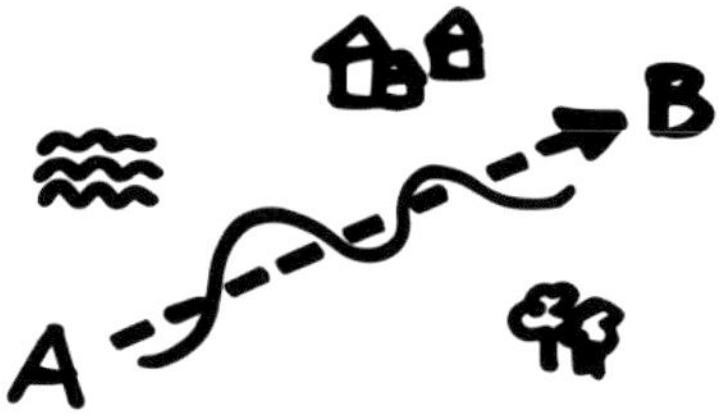

ERIK UND DER WEG IN DIE KLASSE

Erik saß in der letzten Reihe des stickigen Klassenzimmers und lauschte dem monotonen Monolog des Lehrers, der von allen Anwesenden am unmotiviertesten wirkte. Es war nicht nur der letzte Abend des Kurses, sondern auch der letzte Kurs vor Weihnachten. Niemand war heute gern hier in diesem Zimmer und alle hofften, früher Schluss zu machen. Eriks Blick schweifte zum Fenster. Draußen war es stockdunkel. Es regnete.

Der Lehrer sprach über die letzten Schritte zur Vorbereitung auf die bevorstehende Prüfung. Mahnte die erwachsenen Schüler, die Zeit bis dahin über die Feiertage für die Vorbereitung zu nutzen.

Erik seufzte innerlich. Dieses Fach war ihm eine Qual. Jeder, der hier in diesem Kurs saß, tat dies, um seinem aktuellen Beruf zu entkommen. Welchen Sinn hatte es, wenn das vierte Fach für die Reifeprüfung eben zu jenem Beruf abgestimmt war und nicht zu einem, den man nachher weiterverfolgen wollte? Oder ein Kurs zur Orientierung für die Unentschlossenen. Wie er einer war. Stattdessen waren sie gezwungen einem Mann zu lauschen, der ebenso wenig wie sie hier sein wollte und von dem Stoff die Nase ebenso voll hatte.

Erik spielte mit dem Kugelschreiber in seiner Hand. Er ließ ihn zwischen den Fingern tanzen, drehte ihn, knipste und zupfte daran herum, bis der Metallclip von der Hülle brach und klirrend bis an den Tisch des Lehrers sprang. Erik verfluchte sich innerlich dafür, dass er so ungeschickt war, und fühlte den Blick aller Anwesenden auf sich gerichtet. Er rutschte verlegen in seinem Sessel zurück und starrte auf seine Hände.

Als der Kurs endete, packte Erik seine Sachen und stand auf. Man wünschte sich frohe Weihnachten und einen guten Rutsch, suchte aber dann so schnell wie möglich das Weite.

Erik verließ das Klassenzimmer und wurde von der kalten Nachtluft empfangen. Er kniff die Augen zusammen, um sie vor den kleinen Regentropfen zu schützen, und atmete tief durch. Der wenige Schnee, der sich tagsüber angesammelt hatte, wurde zu matschigen Rinnsalen und würde bald verschwunden sein. Er wusste, dass es Zeit war, sich auf das zu konzentrieren, was vor ihm lag, und alles zu tun, um erfolgreich zu sein. Dass der Abschluss und die Prüfung näher rückten, war allerdings beunruhigend.

Zu Hause fiel Erik erschöpft in die weichen, bunten Kissen auf dem Sofa. Wie ein zähflüssiges Gebilde ließ er sich tief hineinsinken. Endlich konnte er abschalten und den Stress des Tages hinter sich lassen. Elena schlief längst und Barbara war im Badezimmer. Erik hörte das Wasser der Dusche durch die alten Rohre fließen. Dem Plätschern lauschend, schloss er die Augen. Der Lehrer hatte sie mit einer Frage in die Ferien geschickt.

»Welchen Rat würdet ihr eurem vierzehnjährigen Ich geben, das sich gerade für einen Berufs- oder Bildungszweig entscheiden muss?«

Diese Frage hatte ihn relativ kalt gelassen, als sie der Klasse gestellt worden war. Aber nun schob sie sich in seine Gedanken. Eine Antwort darauf hatte er nicht. Trotzdem arbeitete es in ihm. Er würde keine seiner Erfahrungen missen wollen. Er hatte so viel erlebt. Unglaublich tolle Menschen kennengelernt, auch wenn die meisten Arbeitskollegen nur Freunde waren, solange man sich einen Arbeitsplatz teilte, aber das war in Ordnung. Davon abgesehen hatten ihn sein Job und das stete Verlangen nach Veränderung durch die Welt gejagt, bis er Barbara getroffen hatte. Was würde er nun also seinem jüngeren Ich raten? Durchhalten? Ruhe finden? Bessere Trinkgeldverhältnisse fordern? Erik schmunzelte. Im Großen und Ganzen war er, wo er hingehörte. Im Wandel. Dort, wo er schon immer gewesen war.

Eine Vibration an seinem Oberschenkel lenkte seine Aufmerksamkeit zurück ins Hier und Jetzt. Schon wieder ein Bild in der WhatsApp-Gruppe seiner *Bucketlist*-Kollegen. Daniela postete jede Woche ein neues Bild. Sie hatte die Aufgabe bekommen, ein neues Hobby zu finden. Nun war ihr Hobby *Das Bucketlist-Kartenspiel* mit den über 500 Impulsen.

Erik scrollte ein wenig nach oben. Mittlerweile hatten alle ihre Erlebnisse – wie der Spielemacher sie nannte – erledigt. Sogar Katharina, die kaum Interesse an irgendetwas gezeigt hatte, strahlte auf einem der Bilder in die Kamera. Gemeinsam mit Maya und Sarah. Etwas, was Barbara verwundert kommentiert hatte, handelte es sich dabei doch um eine Ex-Freundin von Katharinas Mann Gregor. Und weiter oben im Chat stieß er auf sein eigenes Foto. Er brauchte es nur anzusehen und schon durchströmte ihn Motivation und er erinnerte sich an die kalte, feuchte Luft, die er voll Genuss in die Lunge gesogen hatte. Herrlich.

Erik wusste, dass er an einem Wendepunkt seines Lebens stand. Es war keine Sackgasse. Er musste sich nur für einen Weg entscheiden.

In diesem Moment trat Barbara aus dem Badezimmer. Sie wickelte ein Handtuch wie zu einem Turban um ihr nasses Haar.

»Na du, wie war dein Tag?«, fragte sie und setzte sich neben ihn.

»Anstrengend«, gab er zurück, lächelte aber. »Und eurer?«

»Ganz gut. Wir haben nicht viel gemacht.«

Barbara kuschelte sich an ihn, der immer noch wie ein zäher Schleim zwischen den Kissen steckte und sich nicht rührte. Ihr schlanker Körper passte sich an seine Form an und der Duft ihres Aprikosen-Haarshampoos stieg ihm in die Nase.

»Dir liegt doch etwas auf dem Herzen«, sagte sie leise.

Erik schnaubte nachdenklich.

»Hast du Angst vor den Prüfungen?«

»Nein«, antwortete er. »Ich weiß, dass ich sie bestehen werde.« Er zögerte mit der Wahrheit. »Angst habe ich nur vor dem, was danach kommt.«

Es war der Druck, sich zu entscheiden. Sich festzulegen auf eine Richtung. Einen Beruf, der ihm im besten Fall sein Leben lang erfüllen würde. Alle seine Freunde, Kollegen und Familienmitglieder pochten längst darauf, zu erfahren, wofür er die Weiterbildung machte. Wohin er gehen und was er damit am Ende bezwecken wollte. Und die Fragerei war ihm schon jetzt ein Dorn im Auge.

Momente des Zweifels, wie dieser, verflogen meist so schnell, wie sie gekommen waren. Barbara schaffte es mit ihrer ruhigen Art, ihm den Wind aus den Segeln zu nehmen. Ein Schritt nach vorn, meinte sie, bedeutete nicht, dass man das Zurückgelassene für immer verliert. Freiheit bedeute, in jede Richtung gehen zu können. Auch zurück, sollte man feststellen, dass man auf dem falschen Weg war.

»Jeder der Betriebe, in denen du gearbeitet hast, würde dich mit Kusshand wieder aufnehmen, wenn der neue Job dich nicht erfüllt. Du hast etwas, was du ausgesprochen gut kannst und zu dem kannst du immer wieder zurückkommen. Ich liebe dich. Ob du nun Koch, Gärtner oder Grafikdesigner in der Werbung bist.«

Erik schmunzelte mit geschlossenen Augen. »Werbung?«, wiederholte er belustigt.

So ein Unsinn. Oder war es das?

Die Vorweihnachtszeit ging für Erik, Barbara und ihre kleine Elena mit dem gewohnten Zauber über die Bühne. Stressig wurde es erst an den echten Feiertagen nach Heiligabend. Es wurden sämtliche Verwandte besucht und wann immer jemand Erik nach seinen Zielen fragte, antwortete er, dass Barbara ihn gern in die Werbung stecken wollte. Dann wurde gescherzt und das Thema gewechselt, ohne, dass er eine endgültige Antwort gegeben hatte. Es gab ohnehin viele andere Dinge, die der Neugier der Verwandten unterstellt waren. Die ewige Frage nach der Hochzeit zum Beispiel.

Nicht verheiratet zu sein, hinderte sie nicht daran, eine glückliche kleine Familie zu sein. Sie hatten ihre Prioritäten richtig gesetzt, und das zeigte sich in ihrer Tochter Elena.

Als anstrengend empfand Erik vor allem die Besuche bei seinen geschiedenen Eltern.

Angefangen bei Eriks Mutter und Großeltern, die in einer anderen Stadt wohnten. Nach einer langen Autofahrt fielen sie mehr müde als motiviert in dem Haus seiner Mutter ein. Für eine herausragende Köchin wie sie bot sich bei solchen Anlässen die seltene Gelegenheit, für viele Menschen aufzutischen. Diese nutzte sie, um sich an ganze Truthähne zu wagen, wie man sie aus amerikanischen Weihnachtsfilmen kannte.

Als Nächstes folgte ein Besuch bei Eriks Vater, zu dem auch seine vier Geschwister mit ihren Familien kamen. Die Tradition schrieb vor, dass jeder etwas zu Essen mitbrachte. Ein hektisches Treiben und Elena mittendrin. Sie war der Star des Abends, und alle um sie herum taten alles, um ihr Aufmerksamkeit zu schenken.

Erschöpft, aber glücklich kehrten sie am letzten Abend nach Hause zurück. Die Herausforderung wie immer mit Bravour gemeistert, wie Barbara gern scherzte.

»Das sollte eine *Bucketlist*-Herausforderung sein«, scherzte Barbara. Beide lagen ausgestreckt auf dem Sofa, hatten die Augen geschlossen und lachten.

Die ruhige Zeit, die folgte, ging viel zu schnell vorüber. Ehe Erik es sich versah, fand er sich der Prüfungskommission gegenüber. Er hatte sich gut vorbereitet und einige Male mit Stephan getroffen. Wie Balsam wirkte die stoische Ausstrahlung des Wikingers auf seine unruhige Seele und er schätzte die Treffen von Mal zu Mal mehr. Barbara und Melanie schlossen sich ihren Männern manchmal an. Während der Schulzeit war ihre Freundschaft nie über die Gruppe hinausgegangen. Nun aber entwickelte sich etwas Neues zwischen ihnen. Sie hatten Gemeinsamkeiten. Unterhielten sich über Kinder, Schwiegereltern und den Alltag. Etwas Echtes war aus diesem Kartenspiel entwachsen. Und jedes Mal, wenn Daniela und Erkan ein neues Bild in die Gruppe teilten, wuchs der Neid über die Unternehmungslust und die vier nahmen sich vor, nach den Prüfungen Ähnliches zu erleben. Diese galt es vorrangig allerdings zu bestehen.

Als Erik den Saal an der Fachhochschule betrat, durchströmte ihn eine eigenwillige Ruhe. Die Atmosphäre wirkte so anders als alles, was er jemals erlebt hatte. Fast wie ein Zen-Garten – ein Ort der Gelassenheit. Erik konnte jedoch seine Nervosität nicht abschütteln, und sein Herz schlug wie wild.

Stephan hatte ihm geraten, sich auf seine Atmung zu konzentrieren. Erik schloss die Augen und holte tief Luft. Er versuchte, seine Gedanken und den Fokus auf die Aufgabe vor ihm zu legen. Mit einem tiefen Atemzug mahnte Erik, sich zur Ruhe und sich auf seine Stärken zu konzentrieren. Er wusste, dass er genug gelernt hatte.

Als er die Augen wieder öffnete, hatte sich seine Nervosität in Zuversicht verwandelt. Die Prüfung war nicht länger ein gesichtsloses Monster, dem er sich auf Gedeih und Verderb zu stellen hatte. Endlich sah er sie als den ersten Schritt zu einem neuen Lebensabschnitt. Die richtige Entscheidung.

Die Prüfung selbst nahm Erik als erstaunlich einfach wahr. Er fand die Antworten auf die fair gestalteten Fragen wie von selbst. Als er die letzte beantwortete, fiel der Leistungsdruck von seinen Schultern. Er verließ den Raum als zufriedener Mann.

Nur wenige Tage später erhielt die Nachricht, die Prüfung fast mit voller Punktzahl bestanden zu haben. Er hatte bestanden! Obwohl der Lehrer eine Schlafmütze gewesen war, hatte er eine Spitzenleistung erbracht. Seine Motivation war nicht verschwunden, nur unter Zweifeln bedeckt. Ihn durchströmte eine unbeschreibliche Erleichterung. Lächelnd legte er den Kopf in den Nacken und genoss die Tatsache, dass es ihm nun freistand zu tun, was auch immer ihm beliebte. Studieren oder Koch bleiben. Es war nicht länger ein Zwang, aber das war nicht das Einzige, was er erkannte. Als er das Ergebnis vor sich sah, wurde ihm klar, was er wirklich wollte: Er wollte Lehrer werden und anderen Menschen helfen, ihr Potenzial zu entfalten, um der Zukunft auf ähnliche Weise entgegenzublicken.

Dieser scheinbar so mühelos gefundene Gedanke überwältigte Erik. Lehrer. Er wiederholte das Wort in Gedanken. Warum hatte er daran nicht viel eher gedacht? Als wäre ihm ein Licht aufgegangen, richtete er den Blick nach oben. In seiner Vorstellung sah er sich schon fünfundzwanzig Halbwüchsigen gegenüber. Es gab eine große Auswahl an Fächern, für die er sich interessierte. Er konnte sich als Englisch-, Sport, oder Geografielehrer vorstellen. Erik spann den Faden immer weiter. Jungen Menschen helfen, ihren Weg zu finden. Als Wegweiser.

Ja, dachte er bei sich und nickte, als wollte er sich selbst Zuspruch geben, das war's!

Voller unbändiger Freude schnappte er Barbara und drückte sie ganz fest. Sie quietschte überrascht auf und klammerte sich an seinen Hals.

„Lehrer!“, nuschelte er freudig in ihr Ohr.

Barbara hob die Brauen und grinste. Sie hatte geglaubt, er freute sich immer noch über die hervorragende Punktezahl.

„Lehrer?“, wiederholte sie verwundert.

Erik drückte ihr einen dicken Kuss auf die Wange. Barbara kicherte.

All seine Erfahrung, all sein Eifer würde auf Schüler übergehen und in ihnen hoffentlich das gleiche Feuer entfachen, das auch in seinem Herzen brannte und ihn immer wieder zu neuen Herausforderungen trieb. Nun war ihm auch klar, dass es das war, was ihm alle indirekt geraten hatten. Sie hatten es nicht ausgesprochen und wahrscheinlich nicht einmal selbst gewusst. Aber wenn es etwas gab, was er gut konnte, dann war es, sich für etwas zu begeistern.

Daniela und die Vergangenheit

Das einst opulente Interieur des Hotels war heruntergekommen. An dem gewaltigen Kronleuchter, der über dem Tresen der Rezeption baumelte, fehlten die meisten Glasstränge. Fast die Hälfte an Glühkerzen war defekt. Der rote Teppich, einst Namensgeber des Hauses und Symbol für elitäre Gesellschaften, lag abgetreten und verblichen vor ihnen. Nass und schmutzig von Eindringlingen und Witterung, die durch die zerbrochenen Fenster drang. Weiße Salzränder bildeten sich an den langsam trocknenden Stellen. Tausend Füße und Taschen hatten das dunkle Teakholz der Rezeption in Bodennähe abgewetzt. In goldenen Lettern prangte das Wort »Rezeption« über den fünfzig leeren Schlüsselfächern. Ein fehlendes Bruchstück vom Buchstaben »z« verwandelte den Schriftzug in *Releption*. Das Mobiliar war größtenteils verschwunden. Die Möbel und Gegenstände, die sich noch in der

Eingangshalle befanden, waren entweder kaputt oder unter Trümmern verschüttet. Ein paar gepolsterte Stühle und alte Beistelltische.

»Früher hat dort in der Ecke ein großer Flügel gestanden«, sagte Timo mit gedämpfter Stimme, die von allen Seiten der fast leeren Eingangshalle widerhallte.

»Woher weißt du das?«, fragte sein Vater und schlenderte hinter ihm über den alten Teppich. Mit beiden Händen in den Hosentaschen besah er sich jeden Winkel des alten, verlassenen Hotels und staunte darüber, dass man so ein Bauwerk nur wenige Kilometer von seiner Heimatstadt fand.

»Google«, antwortete Timo frech. Er hielt sein Handy hoch, dann sauste er los und sprang zwischen seine Eltern. Erkan verwuschelte ihm das dunkle Haar.

Daniela empfand große Ehrfurcht, während sie tiefer in das Erdgeschoss des alten Hotels vordrangen. Es war laut Angaben im Internet vor zwanzig Jahren geschlossen worden. Es hatte Debatten über den Abriss gegeben, aber die Gelder waren anderweitig eingesetzt und das noble Haus vergessen worden.

Entdecke einen Lost Place. Das war die Überschrift der Karte, die Timo für diese Woche ausgewählt hatte. Auf der Fahrt hierher hatte er alles über das Hotel gelesen und ein paar beunruhigende Fakten herausgefunden. Immer wieder versammelten sich hier Gruppen von Jugendlichen, um zu trinken und feiern. Dabei wurde meist zerstört, was nicht schon der Zeit zum Opfer gefallen war.

Einst ein Ort für Luxus und Frohsinn, jetzt ein *Lost Place*, eine Ruine, die stetig von der Natur zurückerobert wurde. Pflanzen wuchsen aus den Rissen im Beton und durch die Fenster, die einst das Licht hereingelassen hatten, Vogelnester lagen in Ecken oder klebten an Balken und sie meinten, sogar ein Stummelschwänzchen um die Ecke verschwinden gesehen zu haben.

Erkan bewunderte die Art und Weise, wie die Natur sich den Platz zurückerobert hatte. Die Ranken und Wurzeln der Pflanzen waren wie feine Arme und Beine, die sich um das Hotel schlangen und es festhielten. Es war, als ob die Natur das Hotel nicht aufgeben wollte, selbst wenn die Menschen dies bereits getan hatten.

Es war ein Sinnbild für die Vergangenheit. Egal, wie großartig wie opulent und bemerkenswert etwas war, am Ende würde es irgendwann nichts sein als Vergangenheit. Erinnerungen waren das, was blieb. Und welche das sein würden, lag in jedes Einzelnen Hand, wie der Schöpfer des Spiels auf seiner Website richtig angemerkt hatte. Keine materiellen Dinge überdauerten die Zeit. Nur Erlebnisse und die wunderbaren Emotionen, die sie damit verbanden.

Gemeinsam schritten die drei durch das Erdgeschoss, bemühten sich, nicht in die Löcher im Boden zu treten. Die Sonne schaffte es nicht, in die hinteren Winkel des Gebäudes vorzudringen. Staub und Spinnweben hingen von der Decke und ein feucht modriger Gestank kroch den Besuchern in die Nase. Alles an diesem Ort schrie nach Gruselfilmkulisse.

Sie alle verband ein kindliches Staunen. Vor allem Timo zog aus diesem Ausflug all die Faszination, die den Erwachsenen abhandengekommen war. Mit den Augen eines Kindes schlich er herum, als wäre er auf der Suche nach Geistern. Neugierde zog ihn stetig voran, er scheute sich nicht vor dem Unbekannten und es kümmerte ihn nicht, wen er mit Informationen ausstattete, solange sie ihm nur über die Lippen kamen.

»Der Ausflug ist klasse!«, sagte Erkan und ergriff die Hand seiner Frau.

»Das ist er«, gab sie liebevoll zurück.

»Ich habe so etwas noch nie gesehen.«

Daniela schmunzelte. Sie stieg vorsichtig über eine abstehende Diele und folgte ihrem Sohn in den ehemaligen Speisesaal.

Timo stand jetzt einige Meter entfernt. Er wandte sich um und grinste über das ganze Gesicht.

»Das werden die mir in der Schule nie glauben!«

»Das solltest du ihnen auch nicht erzählen, Sportsfreund«, rief Erkan. »Im Grunde dürften wir gar nicht hier sein.«

Sie durchquerten den Speisesaal, in dem man einst die wohlhabenden Gäste zu Tisch gebeten hatte, und entdeckten einen leeren Weinkeller. Anstelle von teuren Flaschen fanden sich nur Scherben und Ziegelbrocken auf dem Boden und in den verstaubten Stellagen.

»Schade«, meinte Erkan beim Anblick des Kellers. »Wär toll gewesen, hier noch ein Fläschchen zu finden.«

Wo einst die Tür zur Küche gewesen war, hingen zwei dicke Stoffe. Dahinter lag ein ausgeschlachteter Raum. Hier gab es nichts zu sehen, abgesehen von den Fliesen an Wand und Boden und die Abdrücke von den Theken und Geräten, die hier früher gestanden hatten. Ein aus Backstein gemauerter Pizzaofen war alles, was noch geblieben war.

Erkan und Timo folgten Daniela nach, die sich für ein Telefonat ein wenig entfernt hatte. Erkan legte eine Hand auf den gemauerten Ofen.

»Jetzt hätte ich Lust auf Pizza«, sagte Timo, nachdem er in das Backloch geschnuppert hatte.

»Kein Problem. Wir sind auf dem Weg hierher an einigen Pizzerien vorbeigekommen. Wir könnten doch ...«

»O nein«, sagte Daniela in das Telefon und gab mit ihrem Blick den zweien zu verstehen, dass es ein ernster Anruf war. Katharina war am anderen Ende und berichtete, dass der Lehrer ihrer alten Klasse, wegen dem Daniela und ihre Familie heute hier waren, an seiner Krankheit gestorben war.

Maya und die grossen Taten

Maya zog ihre Jacke enger um sich und schloss den Reißverschluss bis zum Hals. Die Luft war beißend kalt und ihre Nase lief ununterbrochen. Trotzdem lächelte sie, als sie die beiden Hunde aus dem Tierheim anleinte und losging.

Die beiden Mischlinge kannten sie schon recht gut und vertrauten ihr. Sie tobten ausgelassen um sie herum und Maya konnte ihre Freude förmlich spüren. In den letzten Wochen hatte sie den beiden einige Kommandos beigebracht. Es fiel ihr immer schwer, sie wieder im Tierheim abzuliefern, aber sie durfte keine Hunde in der Wohnung halten. Mit den Spaziergängen befriedigte sie nicht nur das Bedürfnis der Hunde, sondern auch ihren eigenen Wunsch nach einem Haustier.

Ihr Weg führte sie durch den Hundepark und sie genoss die Ruhe und den Frieden, die hier herrschten. Ein ruhiger Morgen, der vielen Menschen vermutlich zu kalt war. Die Vögel zwitscherten und hüpften auf der Suche nach Nahrung über das mit Raureif bedeckte Gras. Maya setzte sich auf eine Bank und genoss den Anblick, den die Hunde boten, die wild und ungestüm durch die Gegend rannten. Trotz ihres straffen Zeitplans führte sie vor allem jene Hunde regelmäßig aus, die zu alt oder nicht niedlich genug waren, um ein dauerhaftes Zuhause zu finden. Es war eine kleine Tat, aber sie wusste, dass sie damit etwas Gutes bewirkte.

Ihr Blick fiel auf einen Obdachlosen, der auf einer Parkbank ihr gegenüber saß und seinen Hund streichelte. Ebenfalls ein Mischling. Maya hatte den Mann schon ein paar Mal gesehen und sich oft den Kopf darüber zerbrochen, wie man in so einer Situation landete.

Der kalte Wind veranlasste sie dazu, ihre beiden Schützlinge früher als sonst anzuleinen, um nach Hause zu gehen. Sie rief sie mit einem lauten Pfiff, wie man ihn von einer so kleinen Person kaum erwartete, zu sich. Zu ihrer Überraschung sprang der struwwelige Hund des Obdachlosen auf die dünnen Beine und kam ebenfalls zu ihr herüber, als wollte er sie begleiten. Dabei zog er seine Leine über den Boden, die der Mann nicht mehr zu fassen bekommen hatte.

Mayas erste Reaktion bestand aus einem erschrockenen Sprung nach hinten, die drei Tiere begrüßten einander aber freundlich. Sie beschnupperten sich und tänzelten umeinander herum.

»Ahab!«, dröhnte die rauchige Stimme des Obdachlosen durch den kalten Park.

Maya sah auf.

»Ahab!«, wiederholte er streng. Sein Hund, der wie sie sah, nur drei Beine hatte, gehorchte und kehrte auf seinen Platz zurück. Dann rief der Mann: »Entschuldigen Sie bitte. Er tut nichts.«

»Schon in Ordnung«, rief Maya zurück, knipste die Leinen an den Halsbändern ihrer beiden Hunde fest und sah ihnen dabei in die Augen. Sie waren wie der Mann auf der Bank. Niemand wollte sie. Die Welt hatte sie zum Vergessenwerden abgestempelt. Trotz inneren Unmutes atmete Maya tief durch, richtete sich auf und schenkte dem Mann ein freundliches Lächeln. Er sah gar nicht mehr zu ihr herüber, sondern streichelte liebevoll das Tier zwischen seinen Beinen. Sie kam nicht umhin zu bemerken, dass sich die beiden sogar ein wenig ähnelten.

Maya setzte sich in Bewegung, doch schon nach zwei Schritten hielt sie wieder an. Es war so kalt. Wie konnte sie einfach gehen?

Bewirke mit kleinen Taten Großes.

Dies war der Moment dafür.

Also wandte sie sich dem Mann wieder zu. Als sie sich ihm näherte, erkannte sie den beißenden Geruch von Bier, der ihn umgab, aber er wirkte nicht betrunken. Sie sah auch keine Dosen oder Flaschen. Nur Hundefutter und eine Wasserflasche.

»Scheint ja eine Menge Energie zu haben, Ihr Ahab«, setzte Maya zögerlich an.

Der Hund sprang wieder auf, als sie näher trat und widmete sich den beiden, die an ihrer Leine waren.

»Entschuldigen Sie, dass er Sie erschreckt hat«, antwortete der Mann. Seine Augen wirkten klar, er sprach deutlich, auch wenn die Kälte ihn zittern ließ.

»Hat er nicht.«

»Normalerweise reicht es, wenn ich die Leine ein wenig halte. Ihr Pfiff hatte es ganz schön in sich.«

Maya lachte verhalten. »Darf ich mich zu Ihnen setzen? Unsere Hunde scheinen sich gut zu verstehen.«

Der Mann wirkte überrascht, nickte aber freundlich. Seiner Körpersprache nach zu urteilen, schämte er sich, doch Maya tat, als würde sie das nicht bemerken, und begann eine Unterhaltung mit ihm.

»Ahab wie in Moby Dick?«, fragte sie.

Der Mann nickte erneut.

»Wegen des Beins? Was ist denn da passiert?«

»Ich hab ihn schon so gefunden. Das Leben meinte es nicht gut mit ihm«, sagte er.

»Ich heiße Maya.«

Der Blick, den ihr der Obdachlose nun zuwarf, konnte einem das Herz brechen. Maya fragte sich, wie lange es wohl zurücklag, dass jemand sich ihm vorgestellt hatte. Dass jemand tatsächlich an einer Unterhaltung mit ihm interessiert war.

»Mein Name ist Werner.«

Maya lächelte. Sie erkundigte sich nach dem Alter des Hundes und erzählte, dass ihre zwei aus dem Tierheim stammten. Daraus ergab sich ein Gespräch, das sie ebenso gut mit einem Menschen im Anzug in einem Café hätte führen können.

Werner war höflich und durchaus intelligent. Aber immer wieder ließ er sich anmerken, dass es ihm unangenehm war, in welchem Zustand er sich befand. Erst nach einer Weile erzählte er, dass der Gestank daher rührte, dass ihn Jugendliche in der Nacht mit Bier übergossen hatten. Bei den Banden an Rabauken war längst bekannt, dass er ihnen nicht hinterherlaufen konnte und sein Hund nicht gefährlich war.

Maya war tief betroffen. Sowohl von der Grausamkeit der Burschen als auch von dem Schicksal, das vor ihren Augen schon so lange auf der Oberfläche trieb. Auf die Frage, warum er ihnen nicht folgen konnte, hob der Mann sein verschlissenes Hosenbein und schlüpfte ein wenig aus dem Schuh. Maya drehte sich der Magen um. Der Fuß war am Absterben.

»Bald kannst du mich Ahab nennen«, raunte Werner seinem Hund zu und knuddelte ihn mit einer Hingabe, dass es Maya Tränen in die Augen trieb. »Er würde so gerne auch mal einen langen Spaziergang machen.«

Und ehe Maya es sich versah, fragte sie: »Darf ich ihn zu einem ausführen?«

Hund und Herrchen warfen ihr einen Blick zu. Wie versteinert sahen sie zu ihr herüber. Er glaubte nicht, dass es ein ernst gemeintes Angebot war.

»Werner, ich kann Ihnen keinen Schlafplatz oder Job anbieten, aber ich kann mit Ahab spazieren gehen. Gerne regelmäßig«, sagte sie. »Ich mache das ja sowieso und die drei scheinen gut miteinander klarzukommen.«

Dies war der Moment, in dem auch Werner feuchte Augen bekam. Er versteckte sie geschickt, aber sie waren da. Maya streckte die Hand nach der Leine aus, um ihr Versprechen in die Tat umzusetzen.

Sie nahm eine besonders lange Route durch die Stadt und kehrte eine Stunde später mit einem heißen Milchkaffee und etwas zu Essen zurück. Die Tränen von vorhin konnte Werner nun nicht mehr halten. Er bedankte sich überschwänglich und versuchte, ihr im Gegenzug ein paar Euros anzubieten, die Maya dankend ablehnte.

Heldenmoment, sagte sich Maya auf dem Weg zurück ins Tierheim.

Sie fühlte sich großartig, aber auch als wäre es nicht genug gewesen. Eine seltsame Mischung.

Werners Geschichte verfolgte sie den ganzen Tag. So sehr, dass sie am nächsten Tag wieder in den Park ging, in der Hoffnung, ihn anzutreffen. Aber es dauerte eine Woche, bis sie ihn wiedersah. Sie lieh ihm ein Buch aus und bot an, seine Sache Stück für Stück zu waschen und zu reparieren. Nach einigen Treffen war zwischen den beiden eine Art Freundschaft entstanden. Und Maya kam nicht mehr nur, um zu helfen, sondern einfach, um sich zu unterhalten.

Nachdem sie herausgefunden hatte, dass er den Hund nicht nur wegen des Beines, sondern auch wegen seiner Liebe zu dem Roman Ahab genannt hatte, nahm sie ihm immer wieder Bücher aus der Bibliothek mit. Romane über Seefahrt und Helden. Mehr als einmal las sie ein Buch im Anschluss selbst, nachdem Werner darüber erzählt hatte. Im Herzen wusste sie, dass dieser Mann nicht auf der Straße sitzen müsste. Er hätte das Zeug, sein Leben zu ändern.

Maya involvierte ihren Vater in die seltsame Freundschaft. Nicht freiwillig, aber er bestand darauf, den Mann kennenzulernen, um sich selbst von dessen Harmlosigkeit zu überzeugen. Bei dieser Gelegenheit gab er ihm neue Kleider, die er selbst nicht mehr trug. Einen Monat später begleitete Werner Maya und ihren Vater endlich zu einer Dienststelle des Roten Kreuzes, um den Fuß behandeln zu lassen. Mayas Vater fuhr ihn mit dem Auto danach zu einigen Notunterkünften und Schlafstellen, wo er nachts unterkommen konnte und Hunde erlaubt waren.

»Manchmal wirkt es, als ob die Welt einen vergisst«, sagte Maya, bevor Werner und sein Hund Ahab aus dem Auto stiegen. Sie legte ihre Hand auf die Schulter des zu Tränen gerührten Mannes. »Aber solange es einige wenige gibt, denen es nicht egal ist, was aus dieser Welt wird, wird es Menschen geben, die sich um dich kümmern.«

Sie warteten noch, bis Werner in dem schlicht gehaltenen Gebäude verschwunden war.

»Ich bin sehr stolz auf dich«, sagte Mayas Vater und sah sie durch den Rückspiegel an.

Sie lächelte zufrieden. Ihr Vater setzte sie vor dem Tierheim ab. Doch ihr Hochgefühl wurde jäh in den Boden gestampft, als man ihr nur eine statt zwei Leinen überreichte. Auf ihren fragenden Blick hin, meinte der junge Mitarbeiter, ob man ihr denn nicht gesagt hatte, dass der ältere der beiden Hunde in der Nacht verstorben sei.

Nein, das hatte man nicht. Maya rieb sich die Stirn, rückte sich die Brille zurecht. Ungläubig starrte sie auf den schmalen Lederriemen in ihrer Hand. Sie schluckte.

»War er allein?« Die Stimme brach ihr und sie presste die Lippen aufeinander.

Der Mitarbeiter zuckte mit den Schultern, während er einen Stapel Dokumente zurechtrückte. Vom hinteren Bereich des Tierheims hallte plötzlich die energische Stimme einer langjährigen Mitarbeiterin, mit der Maya mittlerweile eine enge Freundschaft verband. Sie schalt den jungen Mann, er solle nicht so herzlos antworten, und versicherte Maya dann, dass natürlich jemand bei ihm gewesen war. Schließlich sei er nicht einfach umgefallen, sondern eingeschläfert worden.

Maya lächelte ihrer Freundin zu, die in diesem Moment hinter der Theke hervortrat und sie in die Arme schloss. Eine halbe Stunde wurde geplaudert und Maya durfte die genauen Umstände erfahren, auch wenn sie mit den veterinärmedizinischen Ausdrücken nichts anzufangen wusste. Als sie die Geschichte über Werner erzählte, und wie der Hund sie zusammengeführt hatte, kamen sogar der Tierpflegerin die Tränen.

Das Tierheim verließ sie mit zufriedenem Herzen. Sie hatte dem Hund in all der Zeit ihre Liebe geschenkt und ihm wenigstens von Zeit zu Zeit das gegeben, was jedes Tier verdient hätte. Auf der Straße ging sie vor dem kleinen Struppel in die Hocke.

Er hechelte und starrte zum Eingang des Tierheims, als wartete er darauf, dass sein Gefährte noch zu ihnen stieß. Maya kraulte ihn hinter dem kleinen Schlappohr und er legte den Kopf schief.

»Heute nur wir zwei, mein Freund«, sagte sie liebevoll. »Unser Alterchen ist über die Regenbogenbrücke gegangen.«

Immer noch ein seltsamer Gedanke, ohne ihn zu gehen, aber das Leben ging nun einmal weiter. Lange zu trauern hatte wenig Sinn. Es änderte nichts daran und es gab immer noch genügend Hunde, die den leeren Platz am Ende der Leine dringend brauchten. Anstatt traurig zu sein, mahnte sich Maya zur Dankbarkeit. Der Gedanke, dass die alte Fellnase sie auf ihren letzten Metern zu einer wahrlich großen guten Tat geführt hatte, schenkte ihr Trost. Wieder fiel ihr das Mantra der Karte ein. Bewirke mit kleinen Taten Großes.

Ganz diesem Motto entsprechend konnte sie unmöglich die Bitte Katharinas ausschlagen, die sie wenig später anrief und bat, sie und den Rest der Gruppe zu der Beerdigung ihres alten Klassenlehrers zu begleiten. Dem Mann, der unbewusst einen so großen Einfluss auf ihren Alltag genommen hatte.

STEPHAN UND DIE WAGHALSIGKEIT

Melanie rümpfte die Nase über dem Katalog. Der Mitarbeiter des Reisebüros saß ihnen grinsend gegenüber, denn er witterte großen Handlungsspielraum und hatte Prospekte von Afrika bis Thailand auf den großen Holzschreibtisch ausgebreitet. In der Zwischenzeit ließen es Bastian und Noah in der Spielecke krachen. Sie lachten, tobten, stritten und versöhnten sich binnen weniger Minuten mehrmals. Nur weil Stephan und Melanie die einzigen Kunden waren, ließen sie die beiden in der von zu Hause gewohnten Lautstärke gewähren. Und nur, weil der Mitarbeiter auf eine große Buchung hoffte, gab er vor, sich nicht daran zu stören, auch wenn seine Mimik etwas anderes sagte.

»Ich bin nicht sicher, ob so ein großer Urlaub schon das Richtige ist«, meinte Melanie leise, während sie umblätterte.

Stephan war mittlerweile Feuer und Flamme für das Sammeln neuer Erinnerungen und stellt infrage, warum er sich Jahr für Jahr mit demselben Urlaub, im selben Land und derselben Unterkunft zufriedengegeben hatte. Wie hatte er nur auf die Frage, ob er gerne reiste, mit »Nein« antworten können? Es war ihm plötzlich unbegreifbar, warum er sein Leben im Halbschlaf verbracht hatte.

»Das Museum, Melanie! Die Zeit vergeht viel zu schnell, und ich will später nicht auf mein Leben zurückblicken und mich nur an meine Arbeit erinnern«, sagte er und strich ihr über den Rücken.

Sie nickte langsam, doch seufzte dann. »Aber stell sie dir mal im Flugzeug vor.«

Die drei Erwachsenen wandten sich nach den beiden Streithähnen um.

Dann fragte Melanie: »Wie lange fliegt man nach Phuket?«

Der ältere Herr kratzte sich am Hinterkopf. »Die einzelnen Flugzeiten sind nicht so lange, aber alles in allem ist man so um die achtzehn Stunden unterwegs.«

Melanie musterte Stephan streng. Trotz all seiner Motivation musste er sich eingestehen, dass die Jungs schon nach einer halben Stunde Autofahrt unerträglich sein konnten.

»Wir würden nachher Urlaub vom Urlaub brauchen«, sagte sie und klappte den Prospekt zu. Sie schob ihn gemeinsam mit allen beiseite, die Länder beinhalteten, in die man mit dem Flugzeug reisen musste.

»Dann also Eigenanreise mit dem Auto? Kein Problem.« Innerhalb weniger Augenblicke zückte der Mann auf der anderen Seite des Tisches dünne Hefte über Italien, Frankreich und Kroatien. Er schlug ein Ziel nach dem anderen vor und Stephans Begeisterung stieg und stieg. Aber Melanie warnte ihn davor, zu weit von zu Hause wegzufahren. Ihre Argumente beinhalteten Stau, Krankheit und andere unvorhersehbare Komplikationen.

»Bleiben wir doch im Land«, schlug sie vor. »Dann können wir im Ernstfall nach Hause.«

Ein frustrierter Laut kam Stephan über die Lippen. Der Mitarbeiter des Reisebüros kniff die Augen zusammen. Es kam zu keiner Buchung.

Zu Hause angekommen brach deswegen eine kleine Diskussion vom Zaun, die sich schnell zu einem Streit entwickelte. Melanie verstand nicht, dass Stephan sein Leben von heute auf morgen um hundertachtzig Grad zu drehen versuchte, und verlangte, dass alle in seinem Umfeld mitzogen.

Die beiden standen sich gegenüber, ihre Gesichter gespannt und verhärtet. Die Stimmung zwischen ihnen war so dicht, dass man sie mit einem Messer hätte schneiden können. Beide schienen fest entschlossen, ihre Standpunkte zu verteidigen.

»Warum müssen wir unseren perfekten Familienurlaub ändern?«, fragte Melanie und warf Stephan einen herausfordernden Blick zu. »Es hat doch immer funktioniert. Wir hatten jedes Jahr eine großartige Zeit und die Kinder haben sich immer amüsiert. Warum musst du es kompliziert machen?«

Stephan seufzte tief und versuchte, seine Emotionen unter Kontrolle zu halten. »Ich *will* es nicht kompliziert machen«, sagte er mit einem Hauch von Frustration in seiner Stimme. »Es geht darum, dass ich das Gefühl habe, mein Leben nur so nebenbei zu leben. Ich erfülle immer alle Erwartungen und mache es jedem recht, aber ich bin nicht mehr zufrieden damit. Ich brauche etwas mehr, ein bisschen Abenteuer und Aufregung. Das ist doch nicht zu viel verlangt, oder?«

Melanie schüttelte den Kopf und ihre Augen wurden schmal. »Aber was ist mit den Kindern?«, fragte sie leise. »Sie sind noch so jung und brauchen Stabilität und Sicherheit. Wir können sie nicht einfach auf Abenteuerreise mitnehmen und hoffen, dass alles gut geht. Es ist einfach nicht praktikabel.«

Stephan stöhnte und ballte die Fäuste. Er wusste, dass Melanie recht hatte, aber er konnte seine Unzufriedenheit nicht ignorieren. »Ich weiß, dass es schwierig ist«, sagte er und senkte den Blick. »Aber ich verlange doch nicht, mit dem Rucksack durch Südamerika zu reisen oder auf den Kilimandscharo zu steigen. Ich möchte ein bisschen Abwechslung.« Er schlug einen ruhigeren Ton an und legte seiner Frau die Hände auf die Schultern. »Ich weiß, dass auch *dir* Stabilität wichtig ist, nicht nur den Kindern.« Er bezog sich damit auf ihre schwierige Kindheit. Routine und Geborgenheit stellte Melanie bei ihren Kindern deshalb an erste Stelle, weil sie selbst das niemals erlebt hatte. Stephan lächelte. »Wenn ich ein Ziel finde, das nicht weiter entfernt ist als Bibione, dann würdest du doch keine Bedenken haben, oder?«

Melanie presste die Lippen aufeinander. Sie wich Stephans Hundeblick aus. Wenn er sie aus seinem kantigen Gesicht mit diesen großen, blauen Augen bettelnd ansah, konnte sie ihm keinen Wunsch abschlagen. Sie wirkte immer noch wütend, aber Stephan nutzte den Zeitpunkt, um die Stimmung wieder zu heben.

»Mel?«, setzte er nach. Sie schüttelte seine Hände von sich und tänzelte ein wenig vor ihm zurück. Stephan setzte nach, schnappte sie an der schmalen Hüfte und zog sie liebevoll zu sich zurück. »Mel.«

Endlich sah sie ihn an, versuchte, sich das Lächeln zu verkneifen, und ließ sich von ihm in die Arme nehmen. Für ein paar Sekunden standen sie da, in der Umarmung des anderen.

»Du verdienst es doch, die Welt zu sehen«, flüsterte Melanie. »Es wär nur schön, wenn das von zu Hause aus möglich wär.«

Der Streit war beendet.

Dennoch ließ das Thema Stephan auch einige Tage später noch immer keine Ruhe. Er seufzte tief und rieb sich die Schläfen, während er auf die Stoßstange des Autos vor ihm starrte. Er hatte das Gefühl, dass die endlose Warteschlange von Fahrzeugen und die kriechende Geschwindigkeit, mit der er vorankam, seinen Verstand betäubten.

Aber es gab eine Sache, die seine Gedanken immer wieder durchdrang: Der Streit mit Melanie hatte ihn aus der Bahn geworfen. Es war schwer, sich zu einigen, wenn jeder von ihnen eine andere Vorstellung von einem perfekten Urlaub hatte. Melanie wollte nichts riskieren. Sie brauchte Sicherheit. Aber Stephan verlangte es zum ersten Mal in seinem Leben nach etwas Abenteuerlichem, das die Sinne erweiterte und ihm half, aus seinem Alltag herauszukommen. Bilder für sein Museum sammeln. Den Kindern Bilder für ihr Museum schenken.

Seit ihrer Unterhaltung hatte er nach einem Reiseziel gesucht, das abenteuerlich und neu war, aber auch nicht zu weit weg von zu Hause. Er hatte sich durch unzählige Reiseführer und Online-Bewertungen gelesen, aber jedes Mal stieß er auf das gleiche Problem: Entweder war das Ziel zu weit weg oder es war zu langweilig.

Während er über die verschiedenen Optionen nachdachte, sah er in seinem Rückspiegel das riesige Wohnmobil, das hinter ihm hupte. Er schnaubte und schüttelte genervt den Kopf, als ihm eine plötzliche Erleuchtung kam. Ein Wohnmobil! Warum hatte er nicht früher daran gedacht?

Die Welt von zu Hause aus sehen – wenn man das Zuhause einfach mitnehmen kann! Mit einem Wohnmobil könnte er genau das bieten: eine Möglichkeit, neue Orte zu erkunden und gleichzeitig immer ein Stück Zuhause dabei zu haben. Er grinste breit, als er sich vorstellte, wie er und seine Familie auf Abenteuerreise gehen würden, ohne dabei auf den Komfort und die Bequemlichkeit ihres Zuhauses zu verzichten. Das schien die Lösung für sein Problem zu sein!

Mit freudiger Erleichterung fuhr Stephan weiter durch den Stau, von der Idee des Wohnmobils berauscht. Es kribbelte ihn in den Fingern. Am liebsten hätte er sofort nach gebrauchten Fahrzeugen gesucht. Er würde nicht nur damit reisen, sondern es gemeinsam mit seinen Kindern und seinem Vater auf Vordermann bringen. Allein diese Vorstellung war bereits abenteuerlich.

Wenn Melanie dem Vorschlag zustimmte, stand einem Familienurlaub nach seinen Vorstellungen nichts mehr im Weg. Sie würden gemeinsam durch ganz Europa reisen können. Abenteuer erleben und in ihrem eigenen kleinen Zuhause auf Rädern schlafen. Schon der Gedanke daran beflügelte ihn und ließ ihn hoffen, dass er und Melanie in der Lage sein würden, ihre Unterschiede zu überbrücken und so eine unvergessliche Reise zu erleben. Flugreisen konnten warten.

Was wäre das nur für ein Gefühl in einem solchen Monster zu sitzen und die entlegensten Winkel Europas zu erkunden?, dachte Stephan mit Blick in den Rückspiegel. Stehen bleiben, wo es ihnen gefiel. Bleiben, so lange sie wollten. Es würde egal sein, ob die Jungs brüllten, weil es keine angrenzenden Hotelzimmer gab. Ja, sagte er sich und nickte seinem Spiegelbild zu. Das war sie. Die Lösung.

Melanie ließ Stephan in Ruhe ausreden, nachdem er voller Elan durch die Tür geschossen war, sie von den Beinen gerissen und herumgewirbelt hatte. Er kam sofort auf den Punkt. Dem Feuer in seinen Augen war sie nicht gewachsen. Es war nicht zu leugnen, dass sie die Vorteile anerkannte. Es rutschte ihr sogar heraus, dass sie wirklich gerne an die Côte d'Azur reisen wollte, aber dennoch fand sie einen Punkt, der im Vorhinein abgeklärt werden musste, ehe sie ihre Zustimmung gab: Die Finanzierung eines solchen Projekts.

»Eine berechtigte, aber unbegründete Sorge, Mel«, verkündete Stephan und zerschlug die Luft mit seiner Hand.

Wenn es eine Eigenschaft gab, die man ihm mit Recht zusprechen konnte, dann war es Verantwortungsbewusstsein. Geld war niemals ein Streitthema oder Grund zur Sorge. Er meinte, er würde den Segelschiff-Fond anzapfen. Aber Melanie dämpfte auch diesen Vorschlag ruhig und bedacht.

»Ich stimme dir in vielen Punkten zu«, sagte sie mit einem milden Lächeln auf den Lippen, »aber es ist absolut übertrieben, eine solche Investition zu tätigen, wenn wir gar nicht wissen, ob es funktioniert.«

Stephan blies Luft durch die Lippen und klang wie ein ermüdeter Gaul. Er sah das Ende seines Traums vor sich, bis Melanie seine Hand ergriff.

»Leihen wir uns erst mal ein Wohnmobil oder einen Bus aus.«

Das Grinsen kehrte zurück auf Stephans Lippen.

»Und wenn es gut funktioniert, können wir uns eines kaufen.«

Mit einem stürmischen Kuss wurde der Entschluss besiegelt, ehe Melanie es sich anders überlegen konnte. Aber ihr Lächeln war der größte Beweis dafür, dass sie ehrlich davon überzeugt war.

Nach dem Essen saßen alle vier auf dem Sofa und durchsuchten gemeinsam die Gebrauchtwagenportale. Bastian und Noah durften sich einbringen. Sie waren absolut begeistert von der Vorstellung, in einem eigenen Wohnmobil zu reisen. Noch mehr aber davon, daran herumzuschrauben. Stephan beobachtete, wie der Funke von einem auf den anderen übersprang. Dass sich Vorfreude so anfühlen konnte, hatte Stephan ganz vergessen.

Mit einem warmen Gefühl musterte er seine Söhne, seine Frau. Nichtsahnend griff er nach dem Handy, als es vibrierte, und las auf dem Display die Nachricht in der *Bucketlist-Kartenspiel* Gruppe. Herr Breuer war tot.

Das Begräbnis

Der erste wirklich warme Tag des Jahres. Die Sonne strahlte an diesem Frühlingstag auf den Friedhof hinab und ließ die frisch gepflanzten Blumen auf den Gräbern in leuchtenden Farben erstrahlen. All dies vermochte aber nicht über den tragischen Grund hinwegtäuschen, aus welchem sich nach und nach alle Gäste auf dem Gelände einfanden. Der Boden war vom nächtlichen Regen aufgeweicht. Wer den Fehler gemacht hatte, hochhackige Schuhe zu tragen, patschte nun zögerlich von der Kirche in Richtung Versammlung.

Wie Katharina, die sich stark auf Gregors Arm stützte, um die falsche Entscheidung zu kaschieren. Gregor war seit der Nachricht über den Tod des Lehrers verändert. Er ging ihm ungewöhnlich nahe. Er hatte sich seit dem Klassentreffen mehrere Male mit ihm getroffen. Nicht nur, weil ihm schon die Nachricht über die schlimme Diagnose schwer getroffen hatte. Bauchspeicheldrüsenkrebs. Obwohl man ihn früh entdeckt hatte, waren vom Tag der Untersuchung bis zum Tod nur elf Monate vergangen. Und es war Katharina, die die Entscheidung getroffen hatte, dem Lehrer mit der Anwesenheit der Gruppe, über die er seine einflussreichen Karten verteilt hatte, die letzte Ehre zu erweisen. Ganz allein hatte sie alle versammelt. Die Organisation in die Hand genommen und alle Anrufe getätigt. Es wäre übertrieben gewesen, zu behaupten, sie alle hätten eine enge Bindung zu dem alten Lehrer gehabt, aber durch das Kartenspiel, das er ihnen hatte zukommen lassen, hatte er das Feuer in ihnen entfacht. Und jetzt wieder hier zusammenzufinden, gab dem Spiel einen verdienten Rahmen. Die fünf Freunde, die dieses Mal alle mit ihren Partnern gekommen waren, um einander noch ein drittes Mal kennenzulernen, waren nicht die einzigen Schüler, die zur Beerdigung auf den Friedhof trotteten.

Schon von Weitem konnte man das Gemurmel der Trauergäste hören, die sich langsam in Richtung des Grabes bewegten. Es waren viele Menschen. Neben ehemaligen Schülern auch Kollegen, Freunde und natürlich Familienmitglieder.

Die meisten Gesichter waren von Trauer gezeichnet und es flossen viele Tränen. Einige der Gäste hielten sich eng aneinander, um sich gegenseitig Trost zu spenden. Andere standen allein da, in Gedanken versunken. Einige der Schüler, die der Verstorbene in seinem Leben unterrichtet hatte, hielten Blumen in den Händen, um sie auf dem Grab niederzulegen. Die meisten hatten jedoch einfach nur ihre Hände in den Taschen vergraben und starrten auf den Boden.

Genau wie beim Klassentreffen bildete sich die kleine Gruppe nach und nach, nur dass sich dieses Mal niemand mit alten Witzen oder albernen Spitznamen begrüßte.

Als Erstes traten Daniela und ihr Mann Erkan zu Katharina und Gregor. Dann stießen Erik und Barbara dazu. Barbara hatte feuchte Augen, beteuerte aber, dass sie bei Beerdigungen aus Prinzip zu weinen anfing, auch wenn es ihr gut ging. Sie kannte den Lehrer ja nicht mal. Stephan und Melanie. Als Letztes kam Maya. Man tauschte sich kurz ein wenig aus. Leises Gemurmel, das verstummte, als eine Frau auf ein kleines Pult trat.

»Das ist seine Frau«, flüsterte Gregor den anderen zu.

Eine durchaus brauchbare Information für die kleine Gruppe. Die ganze Gesellschaft schob sich ein wenig zusammen und rückte vor, um besser hören zu können.

Die kleine Frau, die ihr dunkles Haar zu einem strengen Dutt zusammengedreht hatte, wirkte nicht, als hätte sie geweint. Sie ließ ihren Blick über die Menge schweifen. Sie lächelte, überwältigt von der Anzahl an Gästen. Als sie ihre Stimme erhob, verflog ein wenig von ihrer Gefasstheit.

»Liebe Freunde und Familie, Schüler und Kollegen«, fing sie an. »Mein Mann und ich, wir hatten keine Kinder. Aber trotzdem war er so vielen ein Vater. Ich kann kaum glauben, wie viele Schüler heute hier stehen. Johannes war ein Mensch, der immer den Extraschritt gegangen ist. Für ihn war es nicht genug, nur Lehrer zu sein. Er war vielen ein Mentor, ein Wegweiser und ja, auch Vater. Er nannte seine Schüler immer seine Kinder.

Er war nicht nur in der Schule ein Lehrer. Nein. Johannes lehrte uns in all seinen Taten und Worten, wie wichtig es ist, zu leben, solange man die Kraft dazu hat. Er hat uns immer wieder gelehrt, dass Veränderungen ein wichtiger Bestandteil des Lebens sind. Ohne den Mut, neue Wege zu gehen und alte Gewohnheiten zu durchbrechen, können wir uns nicht weiterentwickeln. Lasst uns diesen Mut und die Erinnerungen an meinen verstorbenen Mann nutzen, um uns selbst und unsere Umwelt zum Besseren zu verändern.

Johannes war ein Mensch mit einem starken Willen und einer klaren Vorstellung von dem, was er im Leben erreichen wollte. Er hat uns gelehrt, dass wir uns nicht von anderen beeinflussen lassen sollten, sondern unsere eigenen Entscheidungen treffen müssen. Er hat immer gesagt: Jeder ist seines Glückes Schmied. Und danach hat er gelebt. Lasst uns dieses Erbe bewahren und den Mut aufbringen, unsere eigenen Ziele und Träume zu verfolgen.

Johannes war ein leidenschaftlicher Verfechter von kleinen Gesten, die die Welt zum Besseren verändern können. Er hat uns gelehrt, dass wir nicht immer große Taten vollbringen müssen, um einen Unterschied zu machen. Lasst uns seine Botschaft umsetzen und jeden Tag dazu beitragen, die Welt zu einem besseren Ort zu machen.

Johannes hat uns immer wieder gezeigt, dass Fehler zum Leben dazu gehören und dass wir aus ihnen lernen können. Er hat uns ermutigt, uns von unseren Fehlern nicht unterkriegen zu lassen, sondern uns immer wieder aufzurappeln und weiterzumachen. Lasst uns seine Botschaft in Erinnerung behalten und uns die Freiheit nehmen, auch mal Fehler zu machen und daraus zu lernen.

Auch in seinen letzten Monaten, in denen er schwer zu kämpfen hatte, gab er alles in seiner kleinen Glücksschmiede. Und er hinterlässt so viel Gutes. So viel von dem Glück, auch wenn wir es jetzt in diesem Moment nicht empfinden können.

Aber wir sind noch da. Wir können noch leben. Lieben. Uns erinnern. Unser Glück schmieden.«

Ihre Stimme brach in den letzten Worten und ein Wall an Tränen überwältigte sie. Eine Frau, die ihr recht ähnlich sah, half ihr behutsam von dem kleinen Pult und der Pfarrer trat an ihre Stelle, um den Gottesdienst zum Ende zu bringen.

Ohne es zu ahnen, hatte die Frau des alten Klassenlehrers jedem der fünf, die Herrn Breuer ihre Aufgabe zu verdanken hatten, ins Herz geschaut. Eigene Entscheidungen, die Katharina zu treffen sich so sehr scheute. Mut zur Veränderung, den Daniela für ihre Familie aufbrachte. Kleine Taten, die Mayas Alltag prägten. Die Freiheit, auch Fehler machen zu dürfen, die Erik sich nur durch große Überwindung zugestand. Und die wichtigen Erinnerungen, die ein Museum sollten füllen können. Ein Weg, den Stephan für sich entdeckt hatte.

Niemand von ihnen hörte dem Pfarrer zu. Sie alle waren in sich selbst versunken. Überdachten Entscheidungen und ihre eigene Zukunft. Erst am Ende der Zeremonie erwachten sie aus ihren Gedanken und folgten der Masse zum Parkplatz, nachdem man sich verabschiedet und sein Beileid bekundet hatte.

DER SPIRIT EINER BUCKETLIST

Die Sonne strahlte durch die großen Fenster und tauchte das Café in ein warmes, goldenes Licht. Weiße Gardinen wehten im kühlen Luftzug, der durch das gekippte Fenster hereinwehte, hin und her. Auf den Tischen standen frische Blumen und eine zarte, frühlingshafte Atmosphäre lag in der Luft.

An der Theke stand eine junge Barista und bereitete mit einer geschickten Handbewegung einen Cappuccino zu. Sie trug eine Schürze und ein breites Lächeln im Gesicht, während sie mit einem Stammgast plauderte.

Die Regale hinter der Theke waren gefüllt mit verschiedenen Kaffeesorten und Kuchen, die verführerisch aussahen. In der Ecke stand ein Klavier, auf dem ein paar Blätter mit Noten lagen.

Die zehn Menschen, die nach der Beerdigung hier einen Zwischenstopp eingelegt hatten, saßen nun dicht an dicht an dem größten Tisch, der vermutlich als Stammtisch diente, wenn man nach den Sparvereinslisten und Faustballpokalen in der Ecke ging.

Gregor hatte kein Wort gesagt, seit sie den Friedhof verlassen hatten. Katharina hielt unter dem Tisch seine Hand, unterhielt sich aber leise mit Maya und Sarah. Trotz der bedauerlichen Umstände dieser Zusammenkunft fühlten sich die Freunde wohl. Die Zeit wurde vergessen. Man lernte kennen, wen man noch nicht kannte, und tauschte sich über die Aufgaben und das Leben aus. Das Glück, das sie dank Herrn Breuer nun ebenfalls selbst schmiedeten.

»Ein Wohnmobil?«, rief Erik plötzlich etwas lauter und lachte.

Stephan nickte amüsiert, während Melanie im Scherz mit den Augen rollte. Die ganze Gruppe äußerte Interesse an dieser Information und Stephan begann zu erklären, welche Faktoren ihn zu diesem Entschluss motiviert hatte.

»Dann willst du es eigentlich wegen des Kartenspiels?«, wunderte sich Barbara.

Stephan wippte unentschlossen mit dem Kopf hin und her und zuckte die Achseln.

Erkan schaltete sich ein. »Ich kann das verstehen«, sagte er und strich sich das schwarze Haar zurück. »Die Ideen, die hinter diesen Karten stecken, sind wirklich nicht ohne. Es arbeitet in einem. Ich bin auch wie infiziert, ja sogar ein wenig sauer, wenn Daniela und Timo eine Aufgabe ohne mich erledigen.«

Daniela lächelte und legte ihre Hand auf die ihres Mannes. »Es hat uns als Familie sicher näher zusammengebracht und es sind Dinge, die wir ohne diese bunten Karten niemals gemacht hätten.«

Sie hatte für einige der Aufgaben ebenfalls einiges an Überwindung aufbringen müssen, aber am Ende des Tages, war es das jedes Mal wert gewesen.

»Habt ihr vor, das ganze Kartenspiel auszuprobieren?«, fragte Katharina.

»Nein«, sagte Daniela. »Erkan und ich haben das Deck vorher durchgeschaut und einige wenige mussten wir rausnehmen.«

»Warum das?«, wollte Barbara wissen.

»Ein Tattoo kommt zum Beispiel nicht infrage und alles, was mit einem Liebesleben zu tun hat, gehört nicht auf die Löffelliste eines Zwölfjährigen.«

»Also ich bin mit meiner einzigen Aufgabe schon ziemlich ausgelastet«, meinte Maya.

Auf die fragenden Blicke folgte eine knappe Antwort, aber Katharina, die seit jener Nacht in Wien eine enge Freundschaft zu Maja unterhielt, ließ es sich an dieser Stelle nicht nehmen, die kleinen Taten als das darzustellen, was sie waren: große Taten. Sie erzählte anstelle von Maya, die peinlich berührt danebensaß, von den Hunden, dem Obdachlosen und ihrer eigenen kleinen Strandung.

Dabei schmunzelte sie. Gestrandet zu sein, hatte ihr die Augen geöffnet. Es war in Ordnung, auch mal Entscheidungen zu treffen, die nach hinten losgingen. Nicht jeder Weg musste an ein Ziel führen. Manchmal ging es nur darum, ihn zu gehen. Zu dieser Erkenntnis hatte sie das Kartenspiel geführt. Sie fühlte sich angekommen in der Welt. Es gab gute und schlechte Tage. Niemand hatte nur gute Tage.

»Was sind das denn für Hunde, die du ausführst, Maya?«, fragte Melanie.

Mayas Gesicht nahm einen sehr milden Ausdruck an. »Ich nehm gern die alten und nicht so niedlichen, die will nämlich keiner haben. Nicht mal fürs Spazieren.«

»Das ist ja schrecklich«, sagte Daniela.

Über Hunde hatten die beiden schon einmal gezankt, aber nun verriet Danielas Gesicht, dass sie ihr aufrichtig leidtaten.

Ehe sie es sich versahen, führten sie eine angeregte Unterhaltung über dieses und jenes. Erik teilte im Gedenken an Herrn Breuer den Entschluss mit den anderen, diesen Berufsweg einzuschlagen. Es hatte ihn tief bewegt, wie viele Leben der alte Lehrer berührt hatte. Der Zuspruch, den er dafür erntete, bekräftigte seine Entschlossenheit und er hatte für den Rest des Treffens ein breites Grinsen im Gesicht.

Als sie eine Stunde später mit zufriedenen Herzen wieder ihrer Wege zogen, wusste jeder von ihnen, dass sie es selbst in der Hand hatten. Welche Bilder sie eines Tages in ihren Museen erwarten würden. Und welche wunderbaren Erinnerungen man an ihrem Grab mit den Menschen teilte, die sie zurückließen.

Das eigene Leben mit Erlebnissen und Bildern zu füllen, Entscheidungen zu treffen und Dinge zu wagen. Darum ging es. Sie bauten ihr eigenes Museum für sich selbst, doch mithilfe anderer Menschen. Ihrer Familien, ihrer Lieben. Und dieses Feuer, diese Lust auf Abenteuer, mochten sie noch so klein und ortsgebunden sein, würden sie nicht erlöschen lassen. Sie würden es füttern. Mit Mut und wachsender Zufriedenheit. Sie würden das Feuer auf jeden Fall am Brennen halten.

~~ENDE~~

ANFANG

Nachwort und persönliche Geschichte des Initiators und Co-Autors Thomas Fleischanderl

🤔 Ich habe mich immer schon gefragt, warum so viele Geschichten mit einem „ENDE“ schließen, wenn doch danach ein „ANFANG“ stehen könnte?

Und warum beginnen so viele Geschichten mit „Es war einmal ...“, wenn doch „Es könnte sein ...“ oft der wahre Anfang unserer Abenteuer ist? So begann auch das Abenteuer meines Lebens …

Der lockige Junge und sein Feuer die Story meines Lebens

Ich war der einzige Schüler in meiner Klasse mit Locken 🦱. Dafür wurde ich gehänselt. Ich habe oft mit den Tränen gekämpft. Selbstvertrauen? Fehlanzeige.

Meine geliebte Schmied-Oma 👵 hat immer von Gesundheit, Glück 🍀 und dem Glauben gesprochen. Mein Vater 👨 sprach von Zufriedenheit. Und unser Hauptschullehrer 👨‍🏫 entließ uns mit den Worten „Vergesst einmal nicht, dass ihr auch ein bisschen Kind bleibt“. Doch all das sollte ich erst viel später verstehen. Erst einmal beschloss ich: Ich mach' mir die Welt 🌍 widdewidde wie sie mir gefällt. Ich habe neue Gedanken zugelassen und einfach gemacht, wofür ich gebrannt habe 🔥. Denn jeder ist doch selbst seines Glückes 🍀 Schmied – oder?

Meine intrinsische Motivation 🌟 war die Unabhängigkeit und das Glück 🍀 von mir und Menschen um mich. Ich habe gelernt, dass ich ganz viel selbst in der Hand ✋ habe. Doch der Glaube an sich selbst kommt nicht von allein, sondern mitunter von Erfolgen 🌟 und Erfahrungen die man auf dem individuellen Lebensweg 👣 sammelt. Ich habe immer schon gerne Wissen aus Büchern 📚 umgesetzt, aber noch lieber von spannenden Menschen und der „Universität des Lebens" 🏫 gelernt. Ich bin ein Erlebnis-Lerntyp und überzeugt, der Erfolg entsteht durch Erfahrungen 🤔, braucht alle Sinne und etwas Herz ❤️.

Als leidenschaftlicher Mitbegründer der renommierten Online-Agentur eMAGNETIX 🚀 durfte ich in 15 guten und herausfordernden Jahren vieles bewegen. Und das Unternehmen am Ende 🚀 mit drei Dutzend Mitarbeitern und hunderten Kunden an die Nachfolger übergeben.

Ob nun beruflich oder privat – ich habe beides stets mit Leidenschaft in Angriff genommen und außer*gewöhnliche Erlebnisse 🌟 gesammelt. Ich bin der Meinung, wir Menschen lieben Geschichten – du kannst sie aber nur erzählen, wenn du diese auch erlebst!

🔈 Bei mir waren das etwa die Qualifizierung als erster Österreicher bei der Pfeif-Weltmeisterschaft 🎶 in Japan 🇯🇵 oder der Lederhosen-Weltrekord 🥇. Dabei wurden über € 24.000 gesammelt, die schließlich an ein Kinderhospiz gingen. Mit Freunden habe ich einen abendfüllenden Kinofilm produziert und viele Male die Kinos gefüllt. Und wir haben zu hollywoodreifen Galaabende mit viel Prominenz geladen. Dann war da unser Floßbau auf einem Gebirgssee und die epische Nacht auf diesen schwimmenden Hölzern. Wie in einem modernen Märchen bin ich außerdem in einer alten Burgruine vor meiner „Prinzessin“ auf die Knie gegangen und habe sie mit 1.000 Euro Minus am Konto im Grand Canyon geheiratet. Ich habe derselben Traumfrau später zum Valentinstag ein riesiges Plakat im Ort als Liebesbeweis aufgehängt, für unsere Mädels einen Wiener Philharmoniker vergraben, den sie später einmal mithilfe einer Schatzkarte suchen werden. Und unser Sohn bekommt einmal einen edlen Whiskey, wobei dieser derzeit noch im 50-Liter-Fass heranreifen darf. Ich war 3 Tage lang Autostoppen mit einer unserer Töchter – nach „Irgendwohin“. Wir landeten schließlich am anderen Ende der Landkarte. Ich bin Österreichs Außengrenzen mit der Vespa abgefahren, habe ein Iglu gebaut und darin geschlafen, bin mehrere Pilgerwege gegangen und habe eine Woche bei -20 °C in Norwegen zum Snowkiten im Zelt gelebt. Ich habe viele Jahre an der Fachhochschule unterrichtet und durfte als Kurator mehrere Wirtschaftsdelegationen zu amerikanischen Megakonzernen begleiten. Das alles ist nur ein Auszug und ganz ehrlich: Alles (nach)machbar. Wenn man nur will und wenn man nur tut. Und nie stehen bleibt, sondern weitergeht. Und weiter geht.

Mit der sogenannten „Work-Life-Balance“ konnte ich nie etwas anfangen – die Idee einer Work-Life-Romance ❤️🔥 gefällt mir weitaus mehr. Und dann gibt es noch eine Zutat für ein erfolgreiches und glückliches Leben. Ich nenne sie den „Dreiklang des Glücks“ 🍀 – und so erklingt für mich die Symphonie des Lebens 🎵.

Menschen haben mir immer wieder gesagt, dass ich sie mit meinem Schaffen und Sein inspiriere 💫. Einige meinten, dass meine Besonderheit darin läge, dass ich die Welt gerne aus einer anderen Perspektive sehe - bewusst oder unwillkürlich. Ich nehme das als Kompliment. Gleichzeitig nehme ich die Menschen auch gerne mit auf meine Abenteuer 🌟 – entweder im Kopf, zu einem Geh-Spräch oder einer Erlebnis-Reise. Und wenn ich für etwas brenne, verbreite ich dieses Feuer mit viel positiver Energie 🔋 und einem optimistischen Mindset 😀.

Bei einem Abenteuer 🌟 mit Freunden im Dschungel von Kolumbien 🇨🇴 fiel mir schließlich das Buch „Big Five for Life“ in die Hände. Dabei ist in mir auch mein „Museumsgedanke“ 🖼️ entstanden. Was das bedeutet? Wenn man am Ende seines Lebens sprichwörtlich durch sein eigenes Museum geht, möchte man so viele schöne Bilder wie möglich an der Wand haben. Mit Erlebnissen 🌟 und schönen Museumsmomenten 🖼️. Doch dafür muss man eben etwas tun. Und das habe ich wohl schon immer gemacht.

Wegbegleiter 👣 haben mir zu dieser Zeit dann gesagt, ich solle mit meinen Erlebnissen auf die Bühne oder ein Buch schreiben. Zunächst habe ich abgewunken. Doch dann fing ich an, Erlebnisse aufzuschreiben und daraus schließlich ein Kartenspiel zu entwickeln. Dieses war nach kurzer Zeit ausverkauft und bewegte viele Menschen – und das, obwohl sie dafür ihre Komfortzone verlassen mussten. Oder vielleicht gerade deshalb?

Kurze Zeit später wurde ich gebeten, einen Vortrag auf 2.000 Höhenmetern zu halten und über meinen Museumsgedanken und die Idee der „Bucketlist" zu sprechen. Danach ist der Entwicklungs-Roman „Entfache das Feuer in dir" entstanden. Und mittlerweile durfte ich mich dazu bereits mit dem Glücksminister von Bhutan oder herausragenden Persönlichkeiten wie Wim Hof, John Strelecky oder Thomas Brezina austauschen. Ihre Rückmeldungen erfüllen mich mit Freude und Demut! Auf diesem Weg ist auch die Bucketlist Methode „Vom Erlebnis zum Ergebnis" entstanden.

All das ging „nebenbei" und damals wusste ich noch nicht, dass in mir bereits etwas loderte und eine tiefere Bedeutung hat. Schlussendlich bin ich operativ gänzlich aus meinem Unternehmen und Beruf ausgestiegen. Denn die Suche nach meiner „Berufung" drängte sich immer mehr in den Vordergrund. „Finde, was du liebst!", diese innere Stimme wurde immer lauter. Und so habe ich angefangen, die vielen kleinen und großen Themen meines Lebens zu verbinden. Das, was ich in Zukunft machen wollte, sollte Sinn ergeben – für mich und für andere. Und damit die Welt ein Stück weit besser machen. Doch was könnte das genau sein?

So habe ich selbst wieder einmal meine Komfortzone verlassen: Ich habe mir 100 Tage Auszeit genommen und mich auf eine 100-tägige „Pilgerreise zu meiner beruflichen Zukunft“ begeben. Diese führte mich zu den Wurzeln meiner Familie, meinen Ahnen. Am Ende traf mich die Erkenntnis wie ein Blitz ⚡ und ich wusste, was zu tun war: Da war der Dachboden auf der „Alten Schmiede“ 🛖 meines Opas – ein Lost Place, den schon über 30 Jahre niemand mehr betreten hat. Und an den mich lediglich ein Stapel Hufeisen erinnerte. Und dann bin da ich, der immer wieder unbewusst von „Entfache das Feuer in dir“ 🔥 spricht, stets „zum Schmied und nicht zum Schmiedl“ geht und noch dazu bei einem Schmiedekurs vieles auf Anhieb richtig machte – ohne Erfahrung. Zufall? Oder Bestimmung?

Ich erfuhr außerdem, dass sechs Generationen meiner Familie vor mir Schmied waren! Was mache ich also? Ich kaufe die „Alte Schmiede“ 🛖 meines Opas und werde sie renovieren. „Die Bucketlist Schmiede am Rande der Welt“ wartet somit auf neues Feuer. Und damit war auch der Bucketlist Schmied 🔥 geboren – die 7. Generation, in der das Schmiede-Handwerk weitertragen und in eine neue Ära gehoben wird. Ab 2025 können Unternehmen und Menschen dort das Feuer entfachen 🔥 und bei geistigem Funkenflug eigene Geschichten schmieden.

Einstweilen schmiede ich schon jetzt Strategien und Ideen 💡 für Unternehmen und Menschen. Wir entfachen das Feuer 🔥 neu und schmieden das Glück im Geh-Spräch sowie bald auch echte Hufeisen 🍀. Schmieden auf zwei Ebenen also. Dabei lassen sich Eisen wie Menschen bekanntlich am besten verbiegen, indem man sie fast bis zur Weißglut treibt 🫠. Ich inspiriere Menschen und ihre Unternehm(ung)en mit Vorträgen, Strategien, Erlebnis-Reisen, meinem Kartenspiel oder dem Entwicklungs-

Roman. Ich gebe dieses Feuer an Menschen und Unternehmen weiter, um sich durch außer*gewöhnliche Erlebnisse in ihr Leben zu verlieben .

Ich konnte mir die Begeisterung eines Kindes bewahren, meine Stärken ausbauen und war fleißig am Tun – und genau das hilft mir nun bei meiner Berufung. Und weißt du was – heute bin ich wirklich stolz auf meine Locken und mein Leben. Ich bin glücklich und zufrieden – mein Glaube an mich und die Welt ist durch viele Erfahrungen gestärkt. Ich weiß, am Ende meines Lebens gehe ich durch mein Museum. Mit märchenhaften Bildern von einmaligen Momenten!

Und wenn sie nicht gestorben sind, dann leben sie noch heute. So bleibt mir an dieser Stelle nur noch eines: Ich wünsche dir von Herzen viel Glück beim (Er)Leben,

dein Thomas Fleischanderl =)

DER BUCKETLIST SCHMIED

PS: Solche und andere Gedanken haben es in diesen Entwicklungs-Roman geschafft, in mein *Bucketlist Kartenspiel* oder meinen *Bucketlist Song* , der mit einem sogenannten Oxymoron beginnt: „Dieser Song beginnt am Ende ich betrachte Bilderwände … neuer Tag , neuer Anfang.“. Aber hör doch einfach rein und inhaliere die Klanggewalt interpretiert von der bekannten Berliner A-cappella-Formation Maybebop: www.bucketlist-schmied.com/song

DIE AUTORIN

Julia M. Moser wurde 1991 in Oberösterreich geboren. Sie lebt und schreibt Geschichten, seit sie es kann. Mit siebzehn Jahren veröffentlichte Julia ihren ersten Kurzroman. Es folgten Geschichten über die sizilianische Mafia und eine Thriller-Trilogie, ehe sie zu ihrem Herzensgenre Fantasy fand, das sie mit der Inferiority-Saga zum Leben erweckte.

Mit ihrer Arbeit als Schriftstellerin verbindet Julia das Reisen zu den Schauplätzen. Diese Leidenschaft führt zu einer Authentizität, auf die sie großen Wert legt. Kunst, Geschichte und Literatur sind drei Säulen ihrer Freizeit. Heute leben Julia M. Moser und ihre beiden Töchter mit Hund und Katz in einem Haus auf dem Land im oberösterreichischen Mühlviertel.

Aus dem schicksalhaften Zusammentreffen mit Thomas resultierte eine kreative Kooperation, bei der Julia den Grundgedanken des *Bucketlist Kartenspiels* in die Tat umsetzen konnte. Als Autorin von Geschichten, in denen es vor Schurken und Teufeln nur so wimmelt, stellte das neue Genre »echtes Leben« eine unterschätzte Herausforderung dar. Die eigene Komfortzone verlassen. Neues erleben. Über sich hinauswachsen. Lernen. All das findet sich nicht nur in dem fertigen Buch, sondern auch auf dem Weg dorthin.

Begleitet und bewegt von Thomas und seiner unvergleichbaren Energie, die er nicht nur ausstrahlt und nutzt, sondern von ganzem Herzen an andere weitergibt.

Die Autorin Julia M. Moser mit dem Initiator Thomas Fleischanderl

So viel zur Autorin und gutem Geist,
sowie dem Initiator und Co-Autor von
„Entfache das Feuer in dir“.

Aber die viel wichtigere Frage ist:
Was machst du?

WAS STEHT AUF DEINER BUCKETLIST?

- ☐ ____________________
- ☐ ____________________
- ☐ ____________________
- ☐ ____________________
- ☐ ____________________
- ☐ ____________________
- ☐ ____________________
- ☐ ____________________
- ☐ ____________________

- [ ]
- [ ]
- [ ]
- [ ]
- [ ]
- [ ]
- [ ]
- [ ]
- [ ]

Pssst ... dieses *Bucketlist-Kartenspiel* gibt es wirklich. Es kann dein Leben verändern. Als Spiel oder zur Inspiration! Im Kartenspiel findest du über 100 *Bucketlist*-Karten mit mehr als 500 Erlebnis-Impulse in 6 Rubriken (Persönlichkeit, Außergewöhnliches, Bewegung, Überwindung, Schaffenskraft, Perspektivenwechsel). Unter www.bucketlist-schmied.com findest du noch mehr Inspiration und Möglichkeiten mit dem Bucketlist Schmied.

Übrigens, hinter dem Astronauten in diesem Bild steckt der Bucketlist Schmied und Co-Autor dieses Buches. Er ist umgeben von seiner Leidenschaft das Feuer zu entfachen und die Welt aus einer anderen Perspektive zu betrachten. Im Bild ist er mit der Autorin und Freunden beim Probespielen des Bucketlist Kartenspiels. Ganz links lacht auch seine Traumfrau ins Bild, die er über alles liebt und für die sein Herz brennt.

AM ENDE UNSERES LEBENS GEHEN WIR DURCH UNSER EIGENES MUSEUM MIT SCHÖNEN ERLEBNISSEN UND ERINNERUNGEN!

Der Bucketlist Schmied

WIR MENSCHEN LIEBEN GESCHICHTEN. DU KANNST SIE ABER NUR ERZÄHLEN, WENN DU DIESE GESCHICHTEN AUCH ERLEBST!

Die Mission vom Bucketlist Schmied ist es
Menschen zu inspirieren sich durch
außer*gewöhnliche Erlebnisse in das Leben zu verlieben.